论语百句

傅 杰

复旦大学出版社

新版题记

原来列入复旦经典悦读丛书的《论语一百句》是出版社的命题作文,不计台北繁体字本与首尔韩文译本,六年间已印行八次。兹略加修订,而改题今名。如蒙批评,冀以新版为据。

2013年暮秋

目　录

关于《论语》 ………………… 1

学习之乐 ……………………… 1
交友之乐 ……………………… 4
自得之乐 ……………………… 6
孔子年谱 ……………………… 9
朝闻夕死 ……………………… 12
君子不器 ……………………… 15
为己与为人 …………………… 17
修业门径 ……………………… 20
温故知新 ……………………… 22
学与思 ………………………… 24
知道不知道 …………………… 26
读书与从政 …………………… 29

治国方略	32
身正令行	34
君正莫不正	36
天下何以有贼	38
任人唯贤	40
君与臣	42
以人为本	45
敬而远之	48
焉能事鬼	50
中庸	53
恕	56
仁	59
杀身成仁	62
以直报怨	65
诚信	67
三戒	69

四毋	72
知其不可而为之	75
三省吾身	79
人死留名	81
逝者如斯	83
松柏后凋	86
智者与仁者	89
以文会友	92
见贤思齐	94
言与行	96
不患无位	98
仕与隐	101
不耻恶衣恶食	104
贫富之间	107
义利之辨	109
市侩主义	112

思不出位	114
乡愿	116
恶居下流	118
失人与失言	121
辞达而已	126
困学	128
日知	130
理想生活	132
有教无类	134
因人施教	136
师徒言志	139
大智若愚	141
一声叹息	143
眼见为实	145
诗与礼	148
老去增年是减年	151

后生可畏 ……………… 154

孔颜乐处 ……………… 156

待价而沽 ……………… 158

想入非非 ……………… 162

无可奈何花落去 ……………… 165

日月经天 ……………… 168

索引 ……………… 172

关于《论语》

中国文化的主干是儒家文化,儒家文化的核心是十三经,而《论语》是十三经中唯一一部以记录儒学奠基人孔子的言行为主要内容的典籍。据《汉书·艺文志》叙录:

> 《论语》者,孔子应答弟子、时人及弟子相与言而接闻于夫子之语也。当时弟子各有所记,夫子既卒,门人相与辑而论纂,故谓之《论语》。

南宋大儒朱熹以《孟子》、《大学》、《中庸》与之并举,而著《四书章句集注》,在元、明、清三代成为科举考试的标准教程。梁启超《要籍解题及其读法》称:"六七百年来,数岁孩童入三家村塾者,莫不以《四书》为主要读本,其书遂形成一般常识之基础,且为国民心理之总关键。"美国汉学家伊佩霞(P. B. Ebrey)在《剑桥插图中国史》中介绍:

> 《论语》为中国的社会、政治和伦理的主要思想提

供了基础。它成为后世的圣书,要求学生必须背诵,因此它的许多段落成为格言,甚至没有文化的农民也会不知不觉地引用。

《论语》全书不足一万六千字,今本共二十篇,篇内分章,多为语录。除了古朴简约,多数语录还失载说话的语境,从而使得个别段落成了千古之谜,后人只能猜个大概而已。正因为存在这样可钻的空子(类似的空子也存在于若干种其他先秦典籍之中),于是不止一个自以为聪明的傻子或自以为超人的疯子——我不敢也不忍怀疑他们是骗子——大概觉得历代注家全都等于白活,公然扬言历代注说全是错上加错,只有如秦俑般两千年一现世的自己才是值得孔子感恩戴德、感激涕零的知音。只要想想跳大神的巫婆中不乏玉皇大帝的知音,我们对之也就庶几不必惊为天人而相见恨晚了。

《论语》已有多种外文译本。至于中文相关著作更是五花八门,不可胜计;而且迄今方兴未艾,层出不已。不幸未能免俗,本书亦其一例——虽然绝非不可无,但愿在多数读者眼里还勉强算得上是"可以有"的一例。

学习之乐

> 学而时习之,不亦悦乎?

这是《论语》开篇记录的孔子的第一句话。它既给《论语》全书定了基调,也正可作为我们学习《论语》的勖词。通过学而时习,就能温故知新,德业并进,日臻佳境,这自然是让读书人高兴的事。日本汉学名家贝塚茂树在散文《阅读古典的心情》中谈到对这句名言的体会:

> 这里所说的"学",正如畏友吉川幸次郎先生所言,指的是读《诗经》、《书经》等孔子学园的教科书。大概是老师或学长先教导如何读吧。据吉川先生说,学了一次读法之后,就不仅仅是有时、而应该经常地背诵,通过温习加深理解。人生的悦乐将无过于此。
>
> 古典的意义,决不可能只学一次读法就能正确领会,而是必须反复多次才能真正掌握的。"时习"的"时",吉川先生解释,那是包含着重大意义的。这里所指的是:随着年龄的增长,经验的扩大,自省的深

化,过去没有吃透的古典的真义,经过常常研究,常常诵读,忽然之间有了顿悟。只有这样,领略到过去一直没有懂的古典的新意义时的喜悦,才是人生的至乐。

《论语》开卷的这段文章,基本上把读书之乐,把有志于学问者的喜悦,以纯正和朴素的句子表述明白了。

但他担心这样平实地直指学问的本质,只怕不容易被世俗理解,正如老子所说:

上士闻道,

勤而行之;

中士闻道,

若存若亡;

下士闻道,

大笑之。

不笑不足以为道。

智慧的人闻道会主动去实行;中等资质的人闻道似懂非懂,不得要领;愚蠢的人闻道视为迂远之谈,不仅蔑视,而且嘲笑——但如果不被这类蠢人嘲笑,就算不上是真正的道了。

说得真好。

拿《论语》来作老子观点的例证,恰到好处,好上加好。

原文

学而时习之,不亦悦乎?
(《论语·学而第一》)

今译

不断勤学而又经常温习,不是很高兴的事吗?

交友之乐

> 有朋自远方来,不亦乐乎?

这是《论语》开篇记录的孔子的第二句话。欧阳修在《朋党论》中明辨:"大凡君子与君子以同道为朋,小人与小人以同利为朋。"孔子所说的"朋",无疑是志向与学问上的同道。这样的同道从远方翩然而至,既可寄托情感,免我于孤独寂寞;又可砥砺学业,免我于孤陋寡闻,这自然又是让读书人快乐的事。蔡元培说:

> 人情喜群居而恶离索,故内则有家室,而外则有朋友。朋友者,所以为人损痛苦而益欢乐者也。虽至快之事,苟不得同志共赏之,则其趣有限。当抑郁无聊之际,得一良友慰其寂寞,而同其忧戚,则胸襟豁然,前后殆若两人。

这是就情感而言的。再就学业而言,作为中国古代教育学说系统表述的《礼记·学记》早就宣称:"独学而无友,则孤陋而寡闻。"而在文化科技日新月异的今天,同道的互通

有无、取长补短更必不可少:

> 方今文化大开,各科学术无不理论精微,范围博大,有非一人之精力所能周者;且分科至繁,而其间乃互有至密之关系。若专修一科而不及其他,则孤陋而无藉;合多科而兼习焉,则又泛滥而无所归宿。是以能集同志之友,分门治之,互相讨论,各以其所长相补助,则学业可抵于大成了。

在这一点上,古今两位伟大的教育家也是心照神交的。

原文

有朋自远方来,不亦乐乎?(《论语·学而第一》)

今译

有志同道合的朋友从远方来,不是很快乐的事吗?

自得之乐

> 人不知而不愠,不亦君子乎?

这是《论语》开篇记录的孔子的第三句话。有朋自远方来而乐,是为人所知、为世所知时的快乐;人不知而不愠,是不为人所知、不为世所知时的平和。能否为人所知、为世所知不仅仅关乎你的愿望、你的能力,也常常关乎你的机遇、你所处的世道。孔子的态度是在没有知遇者的时候也不怨天尤人——用后世诗人的话说,是"草木有本心,何求美人折";用后世哲人的话说,是"有得于中,无待乎外"。梁漱溟指出,"乐"是"孔子生活中最显著之态度",也是"他生活中最昭著的色彩":

> 我们一翻开《论语》看孔子的第一个态度,即是孔子生活的道路,一见便觉得他的意味非常之长,非常之妙。《论语》的第一章,孔子开腔便说:"学而时习之,不亦悦乎?有朋自远方来,不亦乐乎?人不知而不愠,不亦君子乎?"单从这几句话,可见他的态度非

常显明,可以想见他心里自得的样子。而这自得,正是"一种带有形而上色彩的修养和境界,与其说它是一种情绪,不如说它是一种智慧,一种超拔,一种悲天悯人的宽容与理解,一种饱经沧桑的充实和自信,一种光明的理性,一种坚定的成熟,一种战胜了烦恼和庸俗的清明澄澈"(王蒙《喜悦》语)。于是"君子不忧不惧";于是"君子坦荡荡,小人常戚戚";于是孔子"饭疏食,饮水",也觉"乐在其中";于是颜回"一箪食,一瓢饮,在陋巷",而能"不改其乐";于是寻孔颜乐处,乃成为"君子儒"重要的任务与标志。

梁氏的立论偏重在思想,日本汉学名家吉川幸次郎则从文学角度对这三句话作了赏析:

> "子曰:学而时习之,不亦悦乎",这个"不亦悦乎"是非常稳健但又是极富说服力的表达;"有朋自远方来,不亦乐乎"一句节奏一变,来自远方的朋友出现时,高兴得似乎要和"有朋"一起雀跃欢呼;但是不被人理解的时候,也不生气,在这里文章的韵律继续延伸,又成了"人不知而不愠,不亦君子乎"——实在是非常之美的文章。

这位经常以"我们这样的中国人"、"我们儒学者"自称的日本学者一往情深地一咏三叹:我所爱的正是《论语》如此这般的美!

原文

人不知而不愠,不亦君子乎?(《论语·学而第一》)

今译

别人不了解我而我并无怨恨,这还称不上是君子吗?

孔子年谱

> 子曰:"吾十有五而志于学,三十而立,四十而不惑,五十而知天命,六十而耳顺,七十而从心所欲不逾矩。"

明代思想家顾宪成称:"这章是吾夫子一生年谱,亦便是千古作圣妙诀。"但原话过简,简直像哑谜,古今猜者,蔚为壮观,争奇斗艳,异说纷繁。唯梁漱溟截断众流,痛下杀手:

要认明孔子毕生所致力的是什么学问,当从这里"吾十有五而志于学"以下寻求去。然而所云"三十而立",立个什么?却不晓得其实际之所指。向下循求:"四十而不惑",虽在字面上不惑总是不迷误之意,却仍不晓其具体内容。"五十而知天命"的"天命"果何谓乎?当然是说在其学问上更进一境,顾此进境究是如何,更令人猜不透。"六十而耳顺",何谓耳顺?颇难索解。"七十而从心所欲不逾矩",字面上较"耳顺"似乎易晓,但其境界更高,实际如何乃更非吾人所及知。试想:在孔子本人当其少壮时固亦不能预知自己六十、七十的造诣实况,外人又何由知之?乃后儒竟然对于如上一层一层进境随意加以测度,强为生解,实属荒唐。

当然,不能确知其所指,不等于不能领会其大意。如果细细悟入,则也是有可能成为足供后人参照的"作圣妙诀"的。即就"吾十有五而志于学"一句而论,贾宝玉作文时开诚布公,直抒胸臆:"夫不志于学,人之常也;圣人十五而志之,不亦难乎?"被贾政痛斥为"不成话"。但"志学"又岂易言哉!废名记述:

前几年我对于孔夫子所作他自己六十岁七十岁的报告,即"六十而耳顺,七十而从心所欲不逾矩",不能懂得,似乎也不想去求懂得,尝自己同自己说笑话,我们没有到六十七十,应该是不能懂得的。那时我大约是三十,那么四十五十岂非居之不疑吗?当真懂得了吗?这些都是过去了的话,现在也不必去挑剔了。大约是在一二年前,我觉得我能了解孔子"耳顺"与"从心"的意思,自己很是喜悦,谁知此一喜悦乃终身之忧,我觉得我学不了孔夫子了,颇有儿女子他生未卜此生休的感慨。去年夏间我曾将这点意思同吾乡熊十力先生谈,当时我大约是有所触发,自己对于自己不满意。熊先生听了我的话,沉吟半晌,慢慢说他的意思,大意是说,我们的毛病还不在六十七十,我们乃是十五而志于学没有懂得,我们所志何学,我们又何曾志学,我们从小都是失学之人。

熊氏一代大哲,其自省也如此。我们呢?我们是够格的学者吗?我们是够格的学生吗?"我们所志何学,我们又何曾志学"——茫茫人海,芸芸众生,有几个能经得住这一声喝问?

原文

子曰:"吾十有五而志于学,三十而立,四十而不惑,五十而知天命,六十而耳顺,七十而从心所欲不逾矩。"(《论语·为政第二》)

今译

孔子说:"我十五岁立志学习,三十岁学成自立,四十岁不再迷惑,五十岁领悟天命,六十岁听人说好说坏都不觉得逆耳,七十岁随从自己的心意却不会越出规矩。"

朝闻夕死

子曰:"朝闻道,夕死可矣。"

人是有文化——也就是能"闻道"的动物,没有文化——也就是不曾"闻道",就跟其他动物没有了差别,人生独有的意义与价值都无从体现,生也就等同于死了。所以宋人黄晞称:"生而不知学,与不生同。"所以明人钱宰称:"盛衰固常理,何必金石坚? 朝闻庶有得,夕死不愧天。"所以清人魏源称:"不闻道而死,曷异蜉蝣之朝生暮死乎?"《汉书》记载,汉宣帝即位之初诏议立武帝庙乐,名儒夏侯胜以武帝"多杀士众,竭民财力,奢泰无度,天下虚耗"表示反对,被指控为非议诏书、毁谤先帝而下狱;跟他一起被捕的还有未举劾其罪的丞相长史黄霸。身在牢房:

> 霸欲从胜受经,胜辞以罪死。霸曰:"朝闻道,夕死可矣。"胜贤其言,遂授之。

与之前后辉映的是焦竑《玉堂丛语》中的记载:

> 石首杨文定下锦衣狱,与死为邻。公励志读书不

止。同难者笑之曰:"势已如此,读书何为?"曰:"朝闻道,夕死可也。"

孔子并不讳言"死"与"短命"之类的字眼,遣词的直白正体现了态度的通达,深受钱钟书的推崇:

> 释老之言虽达,胸中仍有生死之见存,故有需于自譬自慰。庄生所谓"悬解",佛法所谓"解脱",皆尚多此一举。非胸中横梗生死之见,何必作达。非意中系念生死之苦,何必解脱。破生死之执矣,然并未破而亦破也;忘生死之别矣,然未即忘而亦忘也。宋儒所谓放心而未心放者是也。《论语·里仁》孔子曰:"朝闻道,夕死可矣。"明知死即是死,不文饰自欺,不矜诞自壮,亦不狡黠自避,此真置死于度外者。

美学家王朝闻晚年或与会,或登坛,介绍者几乎没有例外地称其为"王朝(cháo)闻先生"。王氏一忍再忍,终于忍无可忍,专门撰文声明:我叫王朝(zhāo)闻,不叫王朝(cháo)闻,自述本名乃王昭文,以早年就读杭州国立艺术专科学校时与同学重名,遂以本句中的前二字取而代之,既不变读音,又借此寓志。今人莫明其义,误读其音,不但听来逆耳,而且完全湮没了其命名的用心。正是:

名不正则言不顺

是可忍孰不可忍

原文

子曰:"朝闻道,夕死可矣。"(《论语·里仁第四》)

今译

孔子说:"早晨明白了道,晚上就死也无憾了。"

君子不器

子曰:"君子不器。"

徐英《论语会笺》融会古注说:

> 器者拘于一用,譬如耳、目、口、鼻不能相通。故君子之学,不可拘于一器,必求其才之通、识之达,然后可以用周于天下矣。

随着科技日益发达,分工日益细密,掌握专门技艺也就是把自己锻造成为某一种"器"既成为我们谋生的手段,也成为我们追求的目标。正如米兰·昆德拉揭示的:"科学的兴起把人推入了一条专门化训练的隧道,人越在知识方面有所进展,就越看不清作为一个整体的世界,看不清他自己",最终陷入海德格尔所谓"对存在的遗忘"——也就是由"人"异化为了"器"。然而"君子"虽不一定"不器",但仅仅成"器"则一定不是孔子心目中的"君子"。钱穆说:

> 一切知识与学问之背后,必须有一活的人存在。否则知识仅如登记上账簿,学问只求训练成机械,毁

人以为学,则人道梏而世道之忧无穷矣。

盖成"器"所需的只是训练(training),成"人"所需的才是教育(education)。英国艺术史家克莱夫·贝尔在《文明》一书中力辨训练是为了获取谋生的技能,而教育则是为了帮助人们理解生活从而享受生活中更为高尚的乐趣。真正受过教育的人崇尚理性,热爱真理,有丰富的感受能力,有一定的价值标准。在贝尔看来,"只有为得到美而有意识地牺牲舒适的人"才有价值观念,选择如何生活的教育而不是如何获利的训练——也就是选择如何成"人"而不是如何成"器",才是高度文明意识的表现。接受了这种文明洗礼的人能"以个人的聪明才智和感受能力认真反对群氓本能,这样的文明决不接受像廉价处理品那样的低标准"。

"不器"的君子,正是"决不接受像廉价处理品那样的低标准"的精神贵族。

原文

子曰:"君子不器。"
(《论语·为政第二》)

今译

孔子说:"君子不会把自己只当作一个器皿。"

为己与为人

> 子曰:"古之学者为己,今之学者为人。"

按史学家范晔的解释,"为己"是"因心以会道","为人"是"凭誉以显扬",前者是为完善自己,后者是为沽名钓誉。在孔子的时代,这已是普遍的现象,所以墨子也说:"古之学者,得一善言,以附其身;今之学者,得一善言,务以悦人。"叔本华曾以惯有的尖刻,奚落那些"不是为自己来努力寻求知识"、而只把"知识当作手段而非目的"的学店伙计:

> 当我们看见为培养人才而建立的大批学校和罗致的众多学者教师时,也许以为人类极为重视真理和智慧。然而这一切都是骗人的假象。教师教授学生是为了挣钱,他们所寻求的不是真理,而是自我炫耀和声誉名望;学者们进行研究不是为了获得知识和感悟,而是为了装腔作势,夸夸其谈。

正所谓中外一律、古今同慨了。他揭露的是本无所好、唯名利是求的"为人"者;对于本有所好,却因屈服外在压力最终舍己以从众的"为人"者,张世英则撰《"为己"与"为人"》,借海德格尔关于众人必然"沉沦"的理论作了分析:

> 在海德格尔看来,人总是"在世界中存在",总得与他人、他物打交道,这也就是说,人必然"被抛入"一种入世状态中;而人在这种入世状态中,总是有意无意地要按照一种外在的标准和并非本己的意志行事,这种标准和意志相当于我们平常所说的"自古皆然"、"人皆如此"、"一般认为"、"固不待言"、"习以为常"、"已成定论"之类的观念。如果把这类意思用一个笼统的"他"字来概括,那就可以说,人们在日常生活中的一言一行和喜怒哀乐都是取决于"他",而非取决于己。换言之,常人总是在放弃自己,为他人而存在——海德格尔把这种状态叫做"沉沦"。"沉沦"的状态是"非本真"的状态。反之,摆脱"沉沦",不受"他"的束缚,就是返回"本真"状态。用我们中国人的术语来说,"沉沦"、"非本真"就是"为人"、"丧己","本真"就是"为己"、"保真"。海德格尔深刻地指出,由于众人都按照这个主宰一切的"他"行事,所以"人与人之间的差别被磨平了","个性和自由选择被抹杀了",特立独行之士"遭到压制和摧残"。所谓"木秀于林,风必摧之",这"风"就是海德格尔所说的

"他"。在茫茫人海中,特立独行者寥若晨星,众人、凡人则总是因"为人"而"丧己",因"畏""本真"而"沦"于"非本真",只有极少数"木秀于林"的高士才敢冒天下之大不韪,宁愿丧生而不肯"丧己"。

作者呼吁:希望多一点"为己"的人,少一点"为人"的人;希望具有独立性灵之士少受一点"他"的压制和摧残。

原文

子曰:"古之学者为己,今之学者为人。"(《论语·宪问第十四》)

今译

孔子说:"古代的学者是为了自己,现在的学者是为了别人。"

修业门径

> 子夏曰:"博学而笃志,切问而近思,仁在其中矣。"

学欲广博,志欲坚定,外问于人,内思于心。柳诒徵称"此是讲一切学问的方法",而且是"讲学问最好的方法"。《论语》中屡有相关的表述,如论博学的有"博学于文",论笃志的有"不降其志",论切问的有"不耻下问",论近思的有"能近取譬"。王熙元推阐说:

> 唯有博学,才能会通;唯有笃志,才能成功;唯有切问而非泛问,才不至于落空;唯有近思而非远思,才不至于徒劳无功。

他还特别指出:

> 其中"笃志"二字,尤足以表现坚强的毅力。竹添光鸿《论语会笺》解释得最好,他说:"笃志者,就所学之理,潜心深造,以求必得,谓之笃志。"又引《困勉录》说:"笃志是勿以见异而迁,勿以得半而息。"为学

最忌见异思迁、半途而废，所以子夏开头就说："博学而笃志"，其中"而"字颇能传达一种"可贵"的意味。复旦大学采"博学而笃志，切问而近思"为校训，良有以也。

原文

子夏曰："博学而笃志，切问而近思，仁在其中矣。"（《论语·子张第十九》）

今译

子夏说："追求广博的知识，树立坚定的志向，提出恰切的问题，致力现实的思考，仁就蕴含在其中了。"

温故知新

> 子曰:"温故而知新,可以为师矣。"

知识是有传承性的,必须通过"温故"的途径,才能达到"知新"的目的。贺麟在《五伦观念的新检讨》中说:

> 必定要旧中之新,有历史有渊源的新,才是真正的新。那种表面上五花八门、欺世骇俗、竞奇斗异的新,只是一时的时髦,并不是真正的新。

杨树达更撰《温故知新说》,强调:

> 夫曰"温故而知新"者,先温故而后知新也。优游涵泳于故业之中,而新知忽涌焉,其新出乎故,故为可信也,此非揠苗助长者之所能有也。

而把两者割裂开来,温故而不能知新,则"其病也庸";不温故而欲知新,则"其病也妄"——所论切中的正是多数学者的通病。

原文

子曰:"温故而知新,可以为师矣。"(《论语·为政第二》)

今译

孔子说:"能从温习旧知识中生发出新知识,就可以做老师了。"

学与思

> 子曰:"学而不思则罔,思而不学则殆。"

清儒陆世仪《思辨录》阐发说:"悟处皆出于思,不思无由得悟。思处皆缘于学,不学则无可思。"胡适《中国哲学史大纲》阐发说:

> 学与思两者缺一不可。有学无思,只可记得许多没有头绪条理的物事,算不得知识。有思无学,便没有思的材料,只可胡思乱想,也算不得知识。但两者之中,学是思的预备,故更为重要。有学无思,虽然不好,但比有思无学害还少些。

"学是思的预备,故更为重要",这也是孔子的经验——除了"学而不思则罔,思而不学则殆"这句抽象的理论概括,他还作过形象的现身说法:"吾尝终日不食,终夜不寝,以思,无益,不如学也。"然而思可蹈空玄想,学需实在功夫,于是"方今之世,多思者而少学者,唯其思者多不学也,是以其思或无知而狂悖,或孤陋而陈腐"(蒋寅《金陵生小言》语)。

一位智者讲过一个故事：

> 有那么一个穷乡僻壤的土包子，一天在路上走，忽然下起小雨来了。他凑巧拿着一根棒和一方布，人急智生，把棒撑了布，遮住头顶，居然到家没有淋得像落汤鸡。他自我欣赏之余，又觉得对人类作出了贡献，应该公之于世。他风闻城里有一个"发明品专利局"，就兴冲冲拿棍带布，赶进城去，到那局里报告和表演他的新发明。局里的职员听他说明来意，哈哈大笑，拿出一把伞来，让他看个仔细。

这正是自以为聪明的思而不学者的活画像了——既有幸又不幸的是我们常常可以看见这样头顶破布却顾盼自雄的所谓思者曾经、正在并肯定还将继续一个接一个地粉墨登场，招摇过市。

原文

子曰："学而不思则罔，思而不学则殆。"（《论语·为政第二》）

今译

孔子说："学习而不思考就会迷惘，思考而不学习就会疑惑。"

知道不知道

> 子曰:"由,诲女知之乎?知之为知之,不知为不知,是知也。"

求知之道,即在知道的就说知道,不知道的就说不知道。强不知以为知,不是自欺就是欺人。朱自清在《不知道》一文中发挥说:

> 知道自己的不知道,并且让人家知道自己的不知道,这是诚实,是勇敢,孔子说"是知也"。这个不知道其实是真知道——至少真知道自己,所谓自知之明。

这两句话不断为人引用。上起西汉韩婴阐发经义的《韩诗外传》:"知之为知之,不知为不知,内不自欺,外不诳人。"下到清人李渔论及器玩的的《闲情偶寄》:"知之为知之,不知为不知,此圣贤无欺之学,不敢以细事而忽之也。"而今已经成为人人可以脱口而出的格言。但要真正做到,一则需有承认自己无知的勇气,二则需有知道自己无知的明智,而这谈何容易——不承认自己无知而强词夺理、不知道自己无知而自以为是的活例在网上、在报上、在电视上乃至在学术著作中接连涌现,随处可见。半个多世纪前朱自清曾慨叹"世间有的是以不知为知的人",而今这样的人是在递减还是在倍增?

只能回答"不知道"了。

听过一个英语绕口令:

If you understand,

Say "understand".

If you don't understand,

Say "don't understand".

But if you understand and say "don't understand",

How do I understand that you understand?

Understand?

要是你知道,

就说"知道"。

要是你不知道,

就说"不知道"。

但要是你知道了却说"不知道",

我怎么知道你知道?

你可知道?

如果把后面两句改为"但要是你不知道却说'知道',我怎么知道你不知道",就几乎可充作孔子这段本来也不无绕口令意味的名言的译文兼注文了。

原文

子曰:"由,诲女知之乎?知之为知之,不知为不知,是知也。"(《论语·为政第二》)

今译

孔子说:"仲由啊,教你的东西知道了吗?知道就是知道,不知道就是不知道,这才是求知之道。"

读书与从政

> 子路使子羔为费宰。子曰:"贼夫人之子。"子路曰:"有民人焉,有社稷焉,何必读书,然后为学?"子曰:"是故恶夫佞者。"

子路做了季氏的家臣,就来提携年少的同门。孔子觉得子羔学养未充,责备子路坑人,当场遭到顶撞:拿实际政治来练摊更长能耐,为什么非读书不可?其言甚辩,几乎算得上是现代最高指示"读书是学习,使用也是学习,而且是更重要的学习"的先声。孔子恐怕有些恼羞成怒,责备终于发展成为责骂。

孔子所以恼羞成怒,是因为子路的狡辩在一定程度上利用了他的教导。孔子提倡致用,强调力行,并不以书本知识为唯一的甚至是主要的学习内容(以至两千多年后他本人还被毛泽东拖将出来,为或焚书坑儒的秦始皇、或本是流氓的朱元璋这等历代帝王张本:"孔子、秦始皇、汉武帝、曹操、朱元璋没有上过大学,但在实践中增长了才干。")。但子夏的名言"学而优则仕"应该是代表了孔子基本的教学理念的。他教导学生"工欲善其事,必先利其器",教导学生"无欲速,无见小利,欲速则不达,见小利则大事不成",这些既是从政的原则,也是问学的原则。他推荐高材生漆雕开去当官,但漆雕开却推辞说:我对自己的能力还没有把握。既然这个回答深得孔子欢心,他对子路的不满也就并不让人意外了。

然而小利终究是诱人的——何况这其中的利有时还不小,所以有志愿者自甘为之舍学乃至舍身,所以子路的辩词至今也仍不乏知音。民国年间,潘光旦就大跌眼镜,"想不到两千四五百年前,子路已经会说'读书不忘救国'或'学校就是社会,教育就是生活'一类的话"了:

> 子路在孔门列入政事科,时常听见同学们所发"某可使从政也欤"一类的问题,但是他始终没有了解,政治事业关乎人群的安危利害,万不能让人用尝试和正误的方法来开玩笑,即不能不利用前人的经验成绩,不能不先有理论上的训练和修养——一言以蔽之,亦即不能不先读书。子路既不了解,又从而为之辞,无怪孔子要骂他"贼夫人之子"和"恶夫佞者"了。

他痛感"近来谈政治和劝人加入政治事业的人大都犯这个通病——当初子路的用意,要是用现代名词传达出来,不就是'有民众焉,有国家焉,何必读书,然后为学'么?说得再亲切些,不就是'有政治工作焉,有党务工作焉,何必读书,然后为学'么"?他甚至一口咬定:中国高等教育的毫无生气,政治工作的不见起色,"这种子路派的谬误观念着实要负几分责任"。

原文

子路使子羔为费宰。子曰:"贼夫人之子。"子路曰:"有民人焉,有社稷焉,何必读书,然后为学?"子曰:"是故恶夫佞者。"(《论语·先进第十一》)

今译

子路让子羔去做费邑的长官。孔子说:"这是害年轻人。"子路说:"有了百姓,有了地盘,为什么一定要读书,才算增长才干?"孔子说:"所以最可恨的就是强词夺理的人。"

治国方略

> 子曰:"道千乘之国,敬事而信,节用而爱人,使民以时。"

一要敬业,处事不敷衍,不马虎;二要诚信,讲求信用,诚实不欺;三要节用,崇尚节俭,杜绝奢侈;四要爱人,以仁待人,以人为本;五要使民以时,役使百姓不违农时,不增加他们的负担。如果执政者能逐条遵行,庶几乎就是理想的仁政了。

辜鸿铭《张文襄幕府纪闻》记张之洞调任两江总督,一方面提高了对幕僚的工作要求;一方面为节省开支,下令在署幕僚必须自备伙食,这一改革措施招来了包括辜鸿铭在内的众幕僚的不满。恰好这年会试,八股试题就是这"道千乘"一章,放言无忌的辜鸿铭信口冲同僚道:

> 我大帅可谓敬事而无信,节用而不爱人,使民无时。人谓我大帅学问贯古今,余谓我大帅学问即一章《论语》亦仅通得一半耳。

借用的是《论语》,紧扣的是事实,骂人不带脏字,调侃淋漓尽致——据辜鸿铭得意的自述,当时"闻者莫不捧腹"。

原文

子曰:"道千乘之国,敬事而信,节用而爱人,使民以时。"(《论语·学而第一》)

今译

孔子说:"治理一个拥有上千辆兵车的国家,应该处事虔敬讲究诚信,节省财用关爱民生,役使百姓要在合适的时候。"

身正令行

> 孔子曰:"其身正,不令而行;其身不正,虽令不从。"

身教重于言教,孔子从正反两个方面强调了执政者以身作则的重要。成语有"上行下效",俗语有"上梁不正下梁歪",揭示的也是这个道理。这既是中国以往社会中的官场常识,也是中国人的普遍观念。十九世纪有随公使来北京的日本人编录《官话指南》,收集在中国常用的应对之辞作为外国人学汉语的教材,其中就有一条:

　　甚么事都得有个榜样,上行下效。在上的不要钱,在下的还敢贪赃吗?

可要是"在上的"很少有或者根本就没有"不要钱"的主儿,那无从收拾的乱象就是大家不难想见甚至不难看见的了。

原文

孔子曰:"其身正,不令而行;其身不正,虽令不从。"(《论语·子路第十三》)

今译

孔子说:"自身端正,不必发号施令大家也会去做;自身不端正,即使发号施令大家也不会服从。"

君正莫不正

> 季康子问政于孔子。孔子对曰:"政者,正也。子帅以正,孰敢不正?"

在孔子看来,执政者想要正风气,美风俗,达到真有成效的治理,全部的奥秘就在这里:"苟正其身矣,于从政乎何有?不能正其身,如正人何?"孟子也说:"君仁莫不仁,君义莫不义,君正莫不正。"所以只有君先立于仁,才会有尽忠的大夫与敦厚的百姓;而一国中诚信缺失,仁义不行,原因不在倡导不力,而在统治者没有作出模范的表率。

心智正常的执政者都明白这一点。齐桓公问管仲:我们国家不大,资源紧缺,但官僚们从着装到出行都奢华无度,如何才能改变这种情况?管仲回答:君主喜欢的食品群臣也会跟着吃,君主喜欢的衣服群臣也会跟着穿。如今君主吃得讲究穿得高档,这就是群臣挥霍的原因。如果真想改变现状,就要从你自己做起。齐桓公带了头,这才在齐国建起了一个节约型社会。白居易说:

所谓上开一源、下生百端者也。岂直若此而已哉？盖亦君好则臣为，上行则下效。故上苟好奢，则天下贪冒之吏将肆心矣。

读《论语》、注《论语》的古人一再重申："未有己不正而能正人者。"遗憾的是古往今来，却每有"己不正"的人物偏偏窃据了"正人者"的位子——这是历史的不幸，但愿这不是历史的规律！

原文

季康子问政于孔子。孔子对曰："政者，正也。子帅以正，孰敢不正？"（《论语·颜渊第十二》）

今译

季康子向孔子请教执政的诀窍。孔子回答说："政就是正。你要是带头端正自己，谁还敢不端正自己？"

天下何以有贼

> 季康子患盗,问于孔子。孔子对曰:"苟子之不欲,虽赏之不窃。"

从正面说,"子帅以正,孰敢不正";反过来说,下有盗贼蜂起,根源即在于上有贪婪无度的统治者。更直白的表述来自老子:正是"上"的租税过多,导致了"民"的忍饥挨饿;正是"上"的聚敛无度,导致了"民"的作奸犯科。《说苑·贵德》篇云:

> 天子好利则诸侯贪,诸侯贪则大夫鄙,大夫鄙则庶人盗。上之变下,犹风之靡草也。

对这一节的意蕴揭示得最精辟的,是清初思想家李颙:

> "苟子之不欲,虽赏之不窃。"此拨乱反治之大机、救时定世之急著也。盖上"不欲"则源清,本源一清,斯流无不清;在在皆清,则在在不复妄取。敲骨吸髓之风既息,疲敝凋瘵之民获苏,各安其居,谁复思乱?《左传》曰:"国家之败,由官邪也;官之失德,宠赂章

也。"而近代辛复元亦云:"仕途贿赂公行,所以民间盗贼蜂起。"从古如斯,三复二说,曷胜太息!岳武穆有言:"文官不爱钱,武官不怕死,天下自然太平矣。"确哉言乎!图治者尚其鉴于斯。

而"图治者"往往是不暇或不愿"鉴于斯"的。

于是天下无贼,依然只能是我们遥不可及的梦想。

原文

季康子患盗,问于孔子。孔子对曰:"苟子之不欲,虽赏之不窃。"(《论语·颜渊第十二》)

今译

季康子苦于盗贼太多,求教于孔子。孔子回答:"如果你不贪图财货,即使奖赏他们,他们也不会去偷窃。"

任人唯贤

> 哀公问曰:"何为则民服?"孔子对曰:"举直错诸枉,则民服;举枉错诸直,则民不服。"

面对国君如何服人的提问,孔子的回答是要尽可能提拔正派的人:这样的人居于高位,行为端正,行事公正,自然令人心服;反之就只能得到相背的结果。所谓"贤臣内则邪臣外,邪臣内则贤臣毙",这无疑是孔子从历史与现实中提炼出来的放诸四海而皆准的政治经验。他还告诉我们:"举直错诸枉,能使枉者直"——在上的如果是货真价实的正人君子,那么在下的宵小之徒即便不能云随影从,改邪归正,至少也可知所忌惮,略有收敛。然而这一点说起来简而又简,做起来难上加难:读历史,观现实,古今曾有哪一朝、东西又有哪一国完全达到过这样的境地?究其原因,除了人性复杂,鉴识不易,也由于一如十七世纪的法国文士拉布吕耶尔所指出的:统治者,即使是还算不坏的统治者,"也需要有几个恶棍来为他效力——因为总有些事你是无法请求正派人去做的"。

原文

哀公问曰:"何为则民服?"孔子对曰:"举直错诸枉,则民服;举枉错诸直,则民不服。"(《论语·为政第二》)

今译

鲁哀公问道:"怎么做才能让民众心服?"孔子回答:"把正派的人置于邪恶的人之上,民众就心服;把邪恶的人置于正派的人之上,民众就不服。"

君与臣

定公问:"君使臣,臣事君,如之何?"孔子对曰:"君使臣以礼,臣事君以忠。"

孔子主张君君,臣臣,父父,子子。所谓"君君""臣臣",就是君要像君,臣要像臣,各司其职,各尽本分。但这并不意味君主是群臣的主宰,可以任意胡作非为;也不意味群臣是君主的奴仆,必须绝对俯首听命。徐中舒说:

> 孔子不讲片面的事君以死,而提倡君臣相对的义务。他说:"君使臣以礼,臣事君以忠。"又说:"孝慈则忠。"孔子时代士可以三月无君,可以择主而事,君臣之义不是无所逃于天地之间的,君如对臣无礼,君如不孝、不慈,臣也就不必尽忠。管仲不为公子纠死,也是孔子所赞同的。孔子谈君权是有限制的和相对的君权;绝对的君权,孔子就没有提倡过,这也是孔子进步的一面。

对孔子这两句话最生动的说明,来自记述春秋末期齐国名相晏婴言行的《晏子春秋》中的两个故事。

其一是在某个冬日,齐景公("君君,臣臣,父父,子子"就是孔子在齐国时对他说的)冲身边的晏婴说:给我把热食端过来。晏婴断然拒绝:我不是为你进献食物的臣子。齐景公又说:给我把皮衣递过来。晏婴还是拒绝:我不是为你供奉衣服的臣子。极度不悦的齐景公质问:那你是干什么的臣子?晏婴当仁不让,回答自己乃是社稷之臣:"夫社稷之臣,能立社稷;别上下之义,使当其理;制百官之序,使得其宜;作为辞令,可分布于四方。"从此齐景公不敢再以对待使唤丫头的态度来对待晏婴——这就是"君使臣以礼"。

其二是在某年冬季,晏婴出使鲁国,齐景公忽起意筑大台,众服役者怨声载道,都盼贤相早日归来。晏婴回国之后,见面就跟齐景公学唱正流行的哀歌:冰水浸透了我们啊,我们还怎么活?国君让我们离别啊,我们还怎么活?边唱边流下了眼泪。齐景公当即允诺终止工程。晏婴出了宫门直奔工地,向服役者挥棒恶语:我等子民都有房屋,如今国君要建大台,你们还不应该卖力?原本盼他解救的百姓无不恨其助纣为虐。而晏婴刚离开,齐景公停工的旨令就到了。孔子感慨"古之善为人臣者,声名归之君,祸灾归之身,入则切磋其君之不善,出则高誉其君之德义",所以侍奉的虽然是德才并不过人的君主,也能使之称雄诸侯,自己却"不敢伐其功"——这就是"臣事君以忠"。

原文

定公问:"君使臣,臣事君,如之何?"孔子对曰:"君使臣以礼,臣事君以忠。"(《论语·八佾第三》)

今译

鲁定公问孔子:"君主指使臣下,臣下侍奉君主,该怎么做?"孔子回答:"君子指使臣下应该合礼;臣下侍奉君主应该尽忠。

以人为本

> 厩焚,子退朝,曰:"伤人乎?"不问马。

面对突发事故,孔子想到的只是人的平安。裘锡圭说:

> 在春秋时代,一般不骑马,马是用来拉乘车的,通常只有大夫以上的人才有资格置备马车,马车是贵族财富的标志,所以有百乘之家、千乘之国这一类说法。一乘就是四匹马拉的一辆车。孔子是一个穷大夫,马匹死伤对他来说无疑是经济上的重大损失。但是孔子首先关心的不是他的财产而是人的安危,这里所说的"人"显然首先是指马厩里工作的人,是为孔子服务的劳动者。

然而历来都有期望值更高的崇拜者觉得只到这般境界的孔子不够给力,于是改订旧读,或将"不"字视作对"伤人乎"的回答,或将"伤人乎不"连成一个问句,殊途同归,目的都是为了便于安排孔子接下来再"问马",从而编导出一个既够得上人道主义典范同时也够得上动物保护主义典范的光辉形象。改者改得煞费苦心、一本正经,读者读来却不免有点——甚至非常滑稽了。

以特立独行著称的学者辜鸿铭留英留德既久——所以看见过的洋人自多;而又才智卓异——所以看不起的洋人也多。他最痛恨洋人在中国的飞扬跋扈与国人对洋人的奴颜婢膝。英国作家毛姆回忆1920年来中国时想会晤名扬欧洲、时任北京大学教授的辜鸿铭,一位在华多年的英商一口应承他来安排。几天过去未见动静,当毛姆问起时,商人耸了耸肩:"我送去一张便条让他来,不知道为什么没来。"世事洞明、人情练达的小说大师毕竟不像肚子大、脑子小的商人那样颟顸懵懂,赶紧用他"想得出的最有礼貌的措辞"写信请求登门拜谒,这才得到了辜鸿铭同意的回复。

> "我很荣幸你来看我,"他回答我的问候说,"贵国人只是跟苦力和买办打交道,他们以为每个中国人必然地不是苦力就是买办。"
>
> 我冒昧地表示异议,但我没有抓住他说话的要点。他将背靠在椅子上,带着一种嘲讽的表情看我:
>
> "他们以为我们可以召之即来。"

辜鸿铭无疑是精通《论语》的——他曾英译《论语》全书。在抨击当时自上而下的媚洋甚至恐洋风习时他愤然写道:

> 厩焚,子退朝,曰:"伤人乎?"不问马。今日地方

一有事故,内外衮衮诸公,莫不函电交驰,亟问曰:"伤羊乎?"不问人。

既仿拟《论语》之文,用衮衮诸公重"羊"轻民,来比较孔子的重人轻马,以寓讥刺;又用谐音的"羊"字指代洋人,来与"人"对举,以寓蔑视[1]——实在是善学《论语》以铸新词的绝顶高手。

原文

厩焚,子退朝,曰:"伤人乎?"不问马。(《论语·乡党第十》)

今译

马棚起火,孔子上朝回来,问:"伤着人了吗?"不问马。

---

[1] 惜乎辜氏遇人不淑——有学者校理辜著,不能体会其行文的用心,竟称"羊"是"洋"的错别字,实在太煞风景。

敬而远之

> 樊迟问知。子曰:"务民之义,敬鬼神而远之,可谓知矣。"

孔子对鬼神的存在恐怕是怀疑的,但殷周以来迷信鬼神的观念既迷漫于当时,所以孔子采取敬而远之、存而不论的态度——"子不语怪力乱神。"严复认定"孔教之高处,在于不设鬼神,不谈格致,专明人事,平实易行"。鲁迅更揭示说:

> 孔丘先生确是伟大,生在巫鬼势力如此旺盛的时代,偏不肯随俗谈鬼神。但可惜太聪明了,"祭如在,祭神如神在",只用他修《春秋》的照例手段使两个"如"字略寓俏皮刻薄之意,使人一时莫名其妙,看不出他肚皮里的反对来。

印顺法师在《成佛之道》中称鬼神观念为东西方所共有,形态各异,名目繁多:

> 这些鬼神,确有一些功德,有一些神力,在某种情

形下,确能给人以多少助力,所以常为人所崇拜:恳求赐福,求他驱逐邪恶,或者请求不要伤害。然鬼神都充满烦恼,他们的德性,有时还不及人类,特别是瞋恚成性,嗜好凶杀伤害。他们所要人类供给的,是牺牲——血肉,甚至要求以人为牺牲。如人而不恭敬供养,或者冒犯了他,就会用残酷的杀害来报复——狂风、大雨、冰雹、瘟疫等。这等于人间的黑社会、恶势力:在你不幸时,也许会拔刀相助,慷慨解囊;可是你不能得罪他,或者使你就此落入罪恶渊薮……俗语说"引狼入室"、"引鬼入门",鬼神崇拜者每每为了得罪鬼神,弄得家败人亡,这真是何苦呢!孔子倒底是人类的伟人,他的"敬鬼神而远之",不失为聪明的办法。

对鬼神的态度,在两千多年后还能使宗教家如此心悦诚服——就凭这一点,孔子也无愧"倒底是人类的伟人"了。

原文

樊迟问知。子曰:"务民之义,敬鬼神而远之,可谓知矣。"(《论语·雍也第六》)

今译

樊迟问怎么才算智。孔子说:"把力气用在百姓的日常事务上,对鬼神敬而远之,就称得上是智了。"

焉能事鬼

> 季路问事鬼神。子曰:"未能事人,焉能事鬼?""敢问死?"曰:"未知生,焉知死?"

神学家汉思·昆在《世界宗教寻踪》中说:"与耶稣所不同的是,孔子并不是一个先知式的人物。他并没有热情地宣布未来天国或主的国度的到来,他并不声称这个天国要求人们在现世做出牺牲。孔子是——并且向来是一个明智的圣哲。"八十年前,章太炎的高足、史学家朱希祖就表彰:"当时社会势力,深信鬼神,又承古圣人以神道设教的积习,自然不容易脱去。然孔子自己的思想,实在专就'人'着想,不就'神'着想;专就人'生的'问题着想,不就人'死的'问题着想。"中国"宗教思想不易发生",正是"孔子的大好处":

> 宗教最要紧的条件有二:一、信仰神道,收拾全副精神去信仰神,不许离畔,起居饮食,念念不忘,如佛教之有佛、基督教之有基督。二、以现世是恶浊

的,希望着来世的清净,如佛教的极乐世界、基督教的天国。孔子所说的,却与此二种条件大相反对:"人"比"神"更重要,"生"比"死"更重要。故中国自孔子后二千年来宗教流入,凡读过孔子书的人,皆不甚信仰,间有治佛学的人,也不过研究他的哲理而已。故对于宗教之传入,无所争执。

而在西方信仰宗教极盛的国家,一度或者"人的全副精神都皈依到神的身上,禁欲主义盛行,人生的趣味收拾得干干净净,思想束缚,毫无自由";或者"哲学家、科学家为宗教所压制者颇多",有的被禁止演讲,有的被免除教职,有的直至遭到焚杀之祸。他引录尼采《反基督》中的控词"一切宗教都是创造隶从的道德,使能动的人皆变为被动的,向上的人皆变成潜下的",最终"徒使富于自由精神的人陷于无精神的地位",尔后特别指出:

> 不料现在我们中国有一班人,要想拿孔子的学说为专制的护符,遂造出所谓"欧洲有教,所以富强;我们无教,所以贫弱"的话,硬拉孔子来为教祖,一般的也要立教会,派教徒,传教旨。甚且欲立孔教为国教,什么议会中也当做一件大事,争执起来,一定要通过议案,立孔教为国教,定入宪法,不许信教自由。孔教、耶教徒居然立于异教地位,也要试试那欧洲宗教战争及压制学者的故事。哈哈!此辈何尝晓得宗教

是什么,并且未曾真正读过孔子的书哩!孔子的好处被他们一概抹杀了!(引者按:当年辜鸿铭也嘲讽这伙心怀鬼胎的孔教徒来膜拜孔子,会让孔子意外得"吓一跳",吃惊得"要上吊"。)

朱氏谢世已半个多世纪,要是他知道"现在我们中国有一班人"还欲拉孔子做教主、立儒教为国教,不知他在天堂是会继续哈哈大笑,还是会转而呜呜痛哭?

都不会?

那就只剩啼笑皆非了。

原文

季路问事鬼神。子曰:"未能事人,焉能事鬼?""敢问死?"曰:"未知生,焉知死?"(《论语·先进第十一》)

今译

子路问如何事奉鬼神。孔子说:"还不能事奉活人,怎么能事奉鬼神?"子路说:"斗胆问问死是怎么回事?"孔子说:"还不懂得生,怎么懂得死?"

中庸

> 子曰:"中庸之为德也,其至矣乎!民鲜久矣!"

中是不偏,庸是不变,郑玄的解释是"用中为常道"。张政烺说:

> 孔子学说全部贯注着"中立而不倚"的中庸思想。他赞叹中庸是至高极难的一种美德。中庸应用在人伦上,是父慈,子孝;兄良,弟悌;夫义,妇听;长惠,幼顺;君仁,臣忠。中庸应用在政治上,是"民以君为心,君以民为体"。中庸应用在行为上,是"过犹不及","无可无不可"。中庸应用在教育上,是"求也退(性好谦退),故进之;由也兼人(性好胜人),故退之"。一切都得合乎中庸之道。

鲁迅称孔子所以大呼中庸,"这正因为大家并不中庸的缘故。人必有所缺,这才想起他所需。穷教员养不活老婆了,于是觉到女子自食其力说之合理,并且附带地向男女平权论点头;富翁胖到要发哮喘病了,才去打高而富球,从此主张运动的紧要"——看得很准,说得很对。这不,曾竭诚讴歌"青年如初春,如朝日,如百卉之萌动,如利刃之新发于硎"、"青年之于社会,犹新鲜活泼细胞之在人身"的北京大学教授陈独秀,终于明白数不在少的青年根本就是"中人以下,不可与语上"的阿斗:

> "教学者如扶醉人,扶得东来西又倒。"现代青年的误解,也和醉人一般。你说要鼓吹主义,他就迷信了主义的名词万能。你说要注重问题,他就想出许多不成问题的问题来讨论。你说要改造思想,他就说今后当注重哲学不要科学了。你说不可埋头读书把社会公共问题漠视了,他就终日奔走运动把学问抛在九霄云外。你说婚姻要自由,他就专门把写情书寻异性朋友做日常重要的功课。你说要打破偶像,他就连学行值得崇拜的良师益友也蔑视了。你说学生要有自动的精神、自治的能力,他就不守规律、不受训练了。你说现在的政治法律不良,他就妄想废弃一切法律政治。你说要脱离家庭压制,他就抛弃年老无依的母亲。你说要提倡社会主义、共产主义,他就悍然以为大家朋友应该养活他。你说青年要有自尊的精神,他就目空一切、妄自尊大、不受善言了。你说反对资本主义的剩余劳动,他就不尊重职务观念、连非资本主

义的剩余劳动也要诅咒了。你说要尊重女子的人格，他就将女子当做神圣来崇拜。你说人是政治的动物不能不理政治，他就拿学生团体的名义干预一切行政司法事务。

这也从反面印证了不左倾右斜、不东倒西歪、"将两端来量度取一个恰好处"（朱熹语）的中庸之道，确乎是一种既切近人生、又不易企及的境界。

原文

子曰："中庸之为德也，其至矣乎！民鲜久矣！"（《论语·雍也第六》）

今译

孔子说："中庸作为一种品德，是最重要的吧！人们缺少这种品德已经太久啦！"

恕

> 子贡问曰:"有一言而可以终身行者乎?"子曰:"其恕乎!己所不欲,勿施于人。"

仁在人与人关系中的体现即"己欲立而立人,己欲达而达人",恕在人与人关系中的体现即"己所不欲,勿施于人"。你不愿别人损害你的利益,你就不要损害别人的利益,这是人的教养,也就是人的文化。周作人说:

> 我读英国捺布菲修所著《自然之世界》与汉译汤姆生的《动物生活史》,觉得生物的情状约略可以知道,是即所谓禽也。人是一种生物,故其根本的生活实在与禽是一样的;所不同者,他于生活上略加了一点调节,这恐怕未必有百分之一的变动,对于禽却显出明瞭的不同来了,于是他便自称为人,说他有动物所无的文化。据我想,人之异于禽者就只为有理智吧,因为他知道己之外有人,己亦在人中,于是有两种

对外的态度：消极的是恕，积极的是仁。假如人类有什么动物所无的文化，我想这个该是的。至于汽车飞机枪炮之流无论怎么精巧便利，实在还只是爪牙筋肉之用的延长发达，拿去夸示于动物，但能表出量的进展而非是质的差异。

既然是异于动物的文化表征，那也就是人类共有的特征。在东西方文明中，"己所不欲，勿施于人"其实是普世准则，并不是中国特产。如印度古代史诗《摩诃婆罗多》：

> 你自己不想经受的事，不要对别人做；你自己想望渴求的事，也该希望别人得到——这就是全部的律法，留心遵行吧。

《圣经·马太福音》：

> 在一切事上，你们要别人怎样对待你们，你们就得怎样对待别人——这就是摩西律法和先知教训的真义。

《纳瓦维四十圣训集》：

> 最高贵的宗教是这样的：你自己喜欢什么，就该喜欢别人得什么；你自己觉得什么是痛苦，就该想到对别的所有人来说它也是痛苦。

都足与孔说相参证。而蔡元培则对孔子之言作了进一步的引申：

> 西方哲学家之言曰："人各自由，而以他人之自由

为界。"其意正同。例如我有思想及言论之自由,不欲受人之干涉,则我亦勿干涉人之思想及言论;我有保卫身体之自由,不欲受人之毁伤也,则我亦勿毁伤人之身体;我有书信秘密之自由,不欲受人之窥探也,则我亦慎勿窥人之秘密。推而我不欲受人之欺诈也,则我慎勿欺诈人;我不欲受人之侮慢也,则我亦慎勿侮慢人。事无大小,一以贯之。

这也就是说,"己所不欲、勿施于人"的实质在于权利平等。所言甚善,但终不脱书生之见。林语堂就大摇其头:这岂是容易做到的——"因为如果百姓要自由的话,官僚军阀们还能有自由吗?如果百姓享有人身自由不得侵犯的权利,官僚们不就失去了逮捕编辑、关闭报社、把别人的头砍掉以治自己头痛病的权利了吗"?

原文

子贡问曰:"有一言而可以终身行者乎?"子曰:"其恕乎!己所不欲,勿施于人。"(《论语·卫灵公第十五》)

今译

子贡问:"有没有一个字是可以拿来终身奉行的呢?"孔子说:"那就是恕吧!自己不想要的,就不要强加给别人。"

仁

夫仁者,己欲立而立人,己欲达而达人。

中国政治学的一代宗师萧公权在《孔子政治学说的现代意义》一文中说:

> 孔子不曾正式分析人性的内容,但从他的言谈当中,我们可以推知,他发现了人性包含着三个部分:一是与禽兽同具的生物性,二是人类特有的道德性,三是与一部分禽兽共具的社会性。因此发展和满足人性必须发展或满足人类生物的、道德的和社会的要求。政治家的工作就是要给予每一个人满足这些要求的机会,并且协助或领导他去得到满足。政治社会的作用就在供给满足人性要求的秩序与制度。
>
> 照孔子看来一个政治家所以要负担上述的工作,完全是因为如果他不这样做,便不能够完成他自己天性的发展——道德性和社会性的满足。孔子认定人自然地也必然地会爱他的同类,尤其是与他有血统关

系的同类。这种爱家族爱人类的天性便是道德、社会和政治生活的直接原动力。一个人既然爱他的同类,他必然愿意看见他们得着他们本性的要求。如果他的能力许可,他必然进一步愿意帮助他们去得着这些要求。人类的本性是根本相同的,因此一个人只要反躬自问自己有些什么要求,便可以知道别人有些什么要求。

不过话说回来,孔子推崇中庸,不为已甚,亦即"过犹不及";对他为人处世的原则,我们也应从基本精神上来领会,而不宜做过度的发挥,更不宜使之绝对化——"己所不欲,勿施于人"不能反过来变成己所欲就施于人;"立人"与"达人"也不等于是拿你的好恶标准来强加给别人。王蒙说以为自己就是尺度,是人最容易犯的错误之一:

> 人的这种以自己的好恶为尺度来判断事情的特点几乎可以上笑话大全。一个母亲从寒冷的北方出差回来,就会张罗着给自己的孩子添加衣服。一个父亲骑自行车回家骑得满头大汗,就会争着给孩子脱衣服。父母饿了也劝孩子多吃一点,父母撑得难受了就痛斥孩子太贪吃。

你所喜爱的以为旁人也喜爱,你所恐惧的以为旁人也恐惧,你最厌恶的以为对旁人也十分有害,而事实往往不是完全如此甚或完全不是如此。一个骇人听闻的近例是:美国亚特兰大一对矢志不移的素食主义者自己不用任何跟动物相关的食品,于是也坚持只以苹果汁与豆奶喂养他们的新生儿,六周后孩子被活活饿死,夭折时体重仅剩一点六公斤。丧心病狂的父母以蓄意谋杀、过失杀人、虐待儿童等多项重罪,双双赢得终身监禁。正如天才一不小心就会沦为疯子,狂热的理想主义者一不小心也会沦为职业杀手——走到这样的极端,那就不再是笑话而完全是悲剧了。

原文

夫仁者,己欲立而立人,己欲达而达人。(《论语·雍也第六》)

今译

仁的标准,就是自己想立足也帮助别人立足,自己想通达也帮助别人通达。

杀身成仁

> 子曰:"志士仁人,无求生以害仁,有杀身以成仁。"

孔子倡导杀身成仁;孟子承其衣钵,倡导舍生取义:

鱼,我所欲也;熊掌,亦我所欲也。二者不可得兼,舍鱼而取熊掌者也。生,我所欲也;义,亦我所欲也。二者不可得兼,舍生而取义者也。生亦我所欲,所欲有甚于生者,故不为苟得也。死亦我所恶,所恶有甚于死者,故患有所不避也。如使人之所欲莫甚于生,则凡可以得生者,何不用也?使人之所恶莫甚于死,则凡可以避患者,何不为也?由是则生而有不用也,由是可以避患而有不为也。是故所欲有甚于生者,所恶有甚于死者,非独贤者有是心也,人皆有之,贤者能勿丧耳。

正是这样的精神陶冶成就了中国历史上无数的志士仁人,最为典型的就是南宋末因拒降而从容登上断头台的民族英雄文天祥——"人生自古谁无死,留取丹心照汗青"的高歌早已与孔孟的壮语一并长存于天壤之间;而他临刑前在衣带上写下的绝命词,更明确交代了哺育自己的精神养料与鼓舞自己的精神力量:

孔曰成仁,孟曰取义;

惟其义尽,所以仁至。

读圣贤书,所学何事?

而今而后,庶几无愧!

抗日战争期间,丰子恺以《杀身成仁》为题撰文:

贪生恶死,是一切动物的本能,人是动物之一,当然也有这种本能。但人贪生恶死,与其他动物的贪生恶死有点不同:其他动物的贪生恶死是无条件的,人的贪生恶死则为有条件的。古人云:"人之所以异于禽兽者几希。"这"几希"可说就在于此。

何谓无条件的?只要吃得着东西就吃,只要逃得脱性命就逃,而不顾其他一切道理,叫做无条件的。人以外的动物都如此,狗争食肉骨头,猫争食鱼骨头,母鸡被掳,小鸡管自逃走,母猪被杀,小猪管自吃食,不是人所常见的吗?

何谓有条件?照道理可以吃,方才肯吃;照道理活不得,情愿死去,这叫做有条件的。条件就是道理,故人可说是讲道理的动物。除了白痴及法西斯暴徒以外,世间一切人都是讲道理的动物。

作者引录孔子的名言并推阐说:"求身害仁,就是贪小我而不顾大我;杀身成仁,就是除小我以保全大我"。而"人总有一死,失了身体还是小事;倘失了人道,则万人万世沦为禽兽,损失甚大。志士仁人,因富有同情,故能为全体着想,故能杀身成仁"。国难当前,温柔敦厚的《护生画集》作者也如此慷慨激昂,这其中既有时事的震荡,也可见孔子的影响。

原文

子曰:"志士仁人,无求生以害仁,有杀身以成仁。"(《论语·卫灵公第十五》)

今译

孔子说:"志士仁人,没有为贪生而损害仁的,只有用舍身来成全仁的。"

以直报怨

> 或曰:"以德报怨,何如?"子曰:"何以报德?以直报怨,以德报德。"

孔子表彰过伯夷、叔齐的"不念旧恶",但这并不等于提倡不设底线地泯灭是非。"唯仁者能好人,能恶人。"如果人人都"以德报怨",那我们拿什么来报德呢?所以孔子明确要求以德报德,以直报怨——"直"也就是正直、公正。《史记·魏公子列传》信陵君门客曰:"人有德于公子,公子不可忘也;公子有德于人,愿公子忘之也。"清代学者钱泳赞赏"此言最妙,然总不如'以直报怨,以德报德'二语之正大光明"。

第二次世界大战结束已经很久了,代表正义的专门组织至今仍在不懈地搜捕那些当时逃脱了审判,后来隐姓埋名、东躲西藏在世界各地的纳粹战犯。是不是到了一笑泯恩仇、宽恕这些垂垂老矣的凶手的时候?面对这样的疑问,著名思想家赫伯特·马尔库塞毫不犹豫地作出了否定的回答:

如果一个死刑执行者请求受害者宽恕,在我看来,这种事总是缺乏人性的,是对正义的嘲弄。一个人不能、也不该到处快乐地杀人、折磨人;然后时限一到,就简单地请求别人的宽恕、接受别人的宽恕。在我看来,这样做还是在犯罪。

不错,"这样的宽恕犯罪正是犯下了这种宽恕本身想减轻的罪恶"——马尔库塞的慷慨陈词,正是"以直报怨"论在现代世界的最强劲的回声。

原文

或曰:"以德报怨,何如?"子曰:"何以报德?以直报怨,以德报德。"(《论语·宪问第十四》)

今译

有人说:"用恩德来回报仇怨,行吗?"孔子说:"那用什么来回报恩德呢?应该用公正来回报仇怨,用恩德来回报恩德。"

诚信

> 子曰:"人而无信,不知其可也。大车无輗,小车无軏,其何以行之哉?"

无论大车小车,缺了用来连接车辕和车辕前那道驾牲口的横木的销钉,就无法套住驾车的牛马;人而无信,也将一样寸步难行。人的诚信从古到今都是问题,所以古今思想家屡有讨论。古例如《吕氏春秋》的《贵信》:

> 君臣不信,则百姓诽谤,社稷不宁。处官不信,则少不畏长,贵贱相轻。赏罚不信,则民易犯法,不可使令。交友不信,则离散郁怨,不能相亲。百工不信,则器械苦伪,丹漆染色不贞。

今例如陈独秀发表于《新青年》的《我之爱国主义》:

> 人而无信,不独为道德之羞,亦且为经济之累。政府无信,则纸币不行,内债难得,其最大的恶果,为无人民信托之国家银行,金融大权操诸外人之手。人民无信,则非独资无由创业。当此工商发达时代,非

资本集合,必不适于营业竞争。而吾国人之视集资创业也,不啻为骗钱之别名。由是全国资金,皆成死物,绝无流通生长之机缘。以视欧美人之资财,衣食之余,悉贮之银行,经营产业,息息流通,递加生长也,其社会金融之日就枯竭,殆与人身之血不流行,坐待衰萎以死,同一现象。是故民信不立,国之金融,绝无起死回生之望。

而其最终结果,就是"政府以借债而存,人民以盗窃而活,由贫而弱,由弱而亡"。《吕氏春秋》成书逾两千年,陈文发表也已将近百年——但到今天,还是那样令人触目惊心。

原文

子曰:"人而无信,不知其可也。大车无輗,小车无軏,其何以行之哉?"(《论语·为政第二》)

今译

孔子说:"一个人要是不讲信用,就不知道他能成什么事了。大车没有輗,小车没有軏,它还怎么走呢?"

三戒

孔子曰:"君子有三戒:少之时,血气未定,戒之在色;及其壮也,血气方刚,戒之在斗;及其老也,血气既衰,戒之在得。"

根据人生不同阶段的生理与心理特点,孔子提出三戒,一语中的,一针见血。

少时"戒之在色",用梁启超的话说,乃因"少年男女,身体皆未成熟,而使之居室,妄斫丧其元气,害莫大焉。不特此也,年既长者,情欲稍杀,自治之力稍强,常能有所节制,而不至伐性;若年少者,其智力既稚,其经验复浅,往往溺一时肉欲之乐,而忘其终身痼疾之苦,以此而自戕,比比然矣"。而历史还昭示我们:

> 凡愈野蛮之人,其婚姻愈早;愈文明之人,其婚姻愈迟,征诸统计家言,历历不可诬矣。婚嫁之迟早,与身体成熟及衰老之迟早有密切关系,互相为因,互相

为果。社会学公理,凡生物应于进化之度,而成熟之期,久暂各异,进化者之达于成熟,其所历岁月必多,以人与鸟兽较,其迟速彰然矣。虽同为人类,亦莫不然,劣者速熟,优者晚成,而优劣之数,常与婚媾之迟早成比例……故欲观民族文野之程度,亦于其婚媾而已。即同一民族中,其居于山谷鄙野者,必视都邑之民较早;而其文明程度,亦恒下于都邑一等。盖因果相应之理,丝毫不容假借也。

著作等身又桃李满天下的程千帆晚年主动自请退休,门人惜之,他解释道:

在人生道路上,老而不知退,最是危险。劳动无效,当然是小事;但如老不免悖,就不一定是小事了。我现在已无精力遍看新文献,吸收新知识,这就是说,已逐步变成不配当博士生导师了,怎么好恋栈呢?如以恋栈之实,居贡献之名,就太可耻了。

所践行的孔子教导不仅有老来"戒之在得",同时还有"知耻近乎勇"了。而十七至十八世纪英国伟大的讽刺作家、《格列佛游记》的作者乔纳森·斯威夫特在血气未衰时写过一篇《预拟老年决心》,其中若干条目,亦可作为第三戒的注脚与补充:

不贪婪。

不可武断,或固执己见。

不可多言,不要老谈自己。

不对同样的人老说同样的故事。

不轻易替人出主意,也不麻烦人,除非人家愿意。

不夸自己以前如何英俊,如何强壮,如何得到小姐太太们的青睐。

不听谄言,不幻想还会有年轻女人爱自己。

不娶年轻老婆。

显然是看到了太多的教训,所以他才要预拟决心——如此届时或可免于惹人嫌憎,免于力不从心,免于沦为世人的话柄乃至笑柄。

原文

孔子曰:"君子有三戒:少之时,血气未定,戒之在色;及其壮也,血气方刚,戒之在斗;及其老也,血气既衰,戒之在得。"(《论语·季氏第十六》)

今译

孔子说:"君子有三种情状应该避忌:少年时血气不充足,应该避忌女色;中年时血气正旺盛,应该避忌争斗;老年时血气已衰退,应该避忌贪得。"

四毋

> 子绝四：毋意，毋必，毋固，毋我。

司马光发挥说："有意有必有固则有我，有我则私，私则蔽。无意无必无固则无我，无我则公，公实生明。"蒙文通与生于余杭的国学大师章太炎研讨学术，章氏从善如流，欣然接受这位不同门派的后学对己说的修正，以至时隔多年蒙氏仍深深致敬："余请益于先辈者多矣，毋固毋我，未有如余杭先生之可感者也。"而历史地理学大师谭其骧更把自己的书斋命名为"四毋斋"。

法国哲学家弗朗索瓦·于连在《迂回与进入》中称"毋意毋必"是指孔子"毫不带有特定的意向触及现实并且对现实没有任何预定的观点，因而不存在强加于现实的'必'，也就是说，对他来讲不存在事先规范他言行的确定的必然性"。后来他更以《圣人无意》为名另写了一部专著，书中开宗明义，推阐"圣人无意"之意：

> 所谓"无意"，是指圣人不会从很多观念中单独

提取一个：圣人的头脑中不会先存一个观念（"意"），作为原则，作为基础，或者简单说就是作为开始，然后再由此而演绎，或至少是展开他的思想。所谓"原则"，也就是"arché"（始基）：由它开始，也由它控制，思想可以由这一点而开始。"原则"或"始基"一经提出，其他的就会自然而然地演绎开来。但是这恰恰是个陷阱，圣人所担心的正是这样一开始就定出方向、然后再由这一方向统霸一切的局面。因为你在提出某个观念（"意"）的同时，已经把其他观念压了下去，虽然你想的是留待以后再去组合它们。或者更准确地说，提出的观念暗地里已经扼杀了其他的观念。圣人担心首先提出的观念会规范其他的观念，所以，圣人把所有的观念统统摆在同等的地位上，而这正是他的智慧所在：他认为，所有的观念都有同样的可能性，都同样可以理解，其中的任何一个都不比其他的优先，都不会遮盖其他的，都不会让其他的观念变得黯淡。总而言之，任何一个观念都没有特权。"无意"的意思就是说，圣人不持有任何观念，不为任何观念所局囿。

启发人们不为固有的教条所囿，保持自由开放的心灵，说得振振有词，很有意思——尽管这不一定是或一定不是孔子的意思。

原文

子绝四:毋意,毋必,毋固,毋我。(《论语·子罕第九》)

今译

孔子杜绝四种毛病:不主观猜测,不乱下决断,不固执己见,不自以为是。

知其不可而为之

> 子路宿于石门。晨门曰："奚自？"子路曰："自孔氏。"曰："是知其不可而为之者与？"

石门是鲁国的外门。子路要去邻国，天色已晚，便在石门留宿，于是跟负责早晚开闭城门的守门人有了这番对话。从守门人口里，道出了时人对孔子最强烈、最深刻的印象——一个"知其不可而为之者"。

为了实现理想，十四年间带着弟子周游列国，席不暇暖，历尽磨难，连子路都明白"道之不行"已是一目了然的事实，而孔子却依然故我。用"因对中国农民生活史诗般的描绘"获得诺贝尔文学奖的美国女作家赛珍珠的话说，孔子就跟耶稣一样，"也是四处周游，在每一个地方寻找他的追随者。他是贫穷的，受到傲慢者和得势者的拦截、嘲笑，但他不屈不挠，绝不改变他的信念"。鲁迅以为"孔老相争，孔胜老败"，原因乃是孔老虽皆尚柔，"但孔以柔进取，而老却以柔退走。

这关键,即在孔子为'知其不可为而为之'的事无大小、均不放松的实行者,老则是'无为而无不为'的一事不做、徒作大言的空谈家"。而王蒙更断言:

> 在中国的古语里,没有比"知其不可而为之"更动人更悲壮的了。从古至今,由于种种原因,某些情况下,会出现整体的不公正不清醒不健康的形势。还有一种情况是由于主观方面的实力不足,一件事的能否成功太无把握。怎么办?是知难而退还是知难而进?是 do it, try it,还是望而却步?而一些仁人志士,爱国者先行者革命者,大师大家,明知正确的主张处于劣势,正义的事业处于劣势,清醒的思想处于劣势,自己的实力还远远不够,还是怀着必死的决心,必败的估计,挺身而出,作出完全没有成功希望的努力,叫做知其不可,知其必定不能成功,知其会给自己带来危险,知其不能被很多人理解,其处境真叫恶劣了,而不放弃,而为之,仍然那样去做。多少民族英雄是这样做的:岳飞、文天祥、史可法……他们在本朝代已经全无希望的情况下作出了挽狂澜于既倒的努力,只能是以身殉职。这里有一个被康德称之为绝对命令的东西,无条件无保留无商量,我们无法想像他们可以有别的选择。多少革命志士也是这样做的,比如秋瑾,比如李大钊,他们在最艰难的情势下没有惧怕付出代

价。还有如韩愈的谏迎佛骨,海瑞的罢官,也都给人留下了深刻的印象。科学实验科学研究中,艺术创造中,学理探讨中,新理论体系的形成过程中,使自己成为一个垫脚石,成为铺路的石子,成为划时代的突破的一个序曲的例子不胜枚举。没有他们的知其不可而为之,就没有后人的为而使之可,就没有历史的前进与科学的进步,就没有人类文明的积累与辉煌,就没有可歌可泣的历史、今天与未来。

不仅致力经天纬地的事业,就是日常处世,"知其不可而为之"的勇气也常不可或缺:

> 虽然我坚信美德是必要的,智慧、光明、心胸和境界都是必要的和有着奇妙的效用的,但是这些好东西并不注定它一出现就所向披靡,它们的被承认,它们的发挥、运用和成功仍然需要一个过程。在这个过程开始之前之中乃至之后,仍然有人痛恨美德,痛恨智慧。原因很简单,你的善良反衬了他或她的恶毒,你的智慧凸显了他或她的冥顽,你的博大提示了他或她的褊狭,你的光明照耀着他或她的阴暗,你的学问、好学更比较出了他或她的昏乱刚愎不学无术。这样你的存在就成了对恶人蠢人糊涂人的挑战,成为他或她的奇耻大辱,成了他或她的眼中钉。怎么办呢?能够因而就不善良不好学不智慧不光明不宽广不高妙起

来吗？能够向愚蠢和恶毒投降吗？不，不可能，只能知其不可而为之。

以上这两节情绪亢奋语言絮叨的引文，前者体现的是相信"青春"可以"万岁"的小王的理想；后者体现的是在"尴尬"的生存境遇中仍能不失"风流"的老王的智慧[1]——而其间用法前后稍异、却一以贯之到底的正是《论语》的名句。

原文	今译
子路宿于石门。晨门曰："奚自？"子路曰："自孔氏。"曰："是知其不可而为之者与？"（《论语·宪问第十四》）	子路在石门留宿。守门人说："从哪儿来？"子路说："从孔氏那里。"守门人说："就是那个明知做不到还做的人吗？"

---

[1]《青春万岁》，王氏早年所作长篇小说；《尴尬风流》，王氏晚年所作短篇小说集。

三省吾身

> 曾子曰:"吾日三省吾身:为人谋而不忠乎?与朋友交而不信乎?传不习乎?"

顾随说:着眼不可不高,下手不可不低——只向低处下手不向高处着眼,成功必不大;只向高处着眼不向低处下手,根基必不固。而曾子正给我们树立了榜样:

> 曾子才也许不高,进步也许不快,但用力很勤,低浅处下手,故亲切。最能表现此种精神、用此种功夫者,是曾子"吾日三省吾身"。曾子所谓"身"并非身体,乃是精神一方面,"身"说的是心、行。这真是低处着手。人为自己打算没有不忠实的,但为人呢?"为人谋而不忠乎?"十个人有五双犯此病。"与朋友交而不信乎?"说谎是人类本能,若任其泛滥发展就成为骗人,所以当注意。"传不习乎?"朱注:"传,谓受之于师;习,谓熟之于己。"传,师所授;习,己所研。讲起来省事,说起来简单,但行起来可不容易。努力,努力,

有几个真努力的？曾子是真想了，也真行了。缺点补充，弱点矫正，这是曾子反省目的。

这种严格要求、不懈反省的精神影响了一代又一代人，别的不论，单说当代古文字学大师于省吾、数学大师陈省身的名字，显然都是以"吾日三省吾身"为原材料加工——或截取，或组装——而成的。

原文

曾子曰："吾日三省吾身：为人谋而不忠乎？与朋友交而不信乎？传不习乎？"（《论语·学而第一》）

今译

曾子说："我每天都多次反省自己：为别人办事尽了忠心没有？跟朋友交往讲了信用没有？老师传授的东西温习了没有？"

人死留名

子曰:"君子疾没世而名不称焉。"

李长之从这句话里窥见"孔子漏出了好名",但随即挺身而出为之辩护:"一个真正的男性能不重视荣誉么?"废名更申论说:

> 人总有一个留纪念的意思。所以庄周一派的旷达,总不能说是近人情。泰戈尔《飞鸟集》有一章云:"愿生者有那不朽的爱,死者有那不朽的名。"将此意说得最有情趣,令人觉得人生可敬可爱。中国人的生活总是那么的干燥无味,一般读书人的思想亦然,动不动以好名不好名来品评人,其实名是啥物事?好名又是啥物事?本着朴实的感情,好名怎么算得一件不好的事呢?生平或者身后留得好名声,不正同我们愿被人怀念着是一样的心事么?人生虽短,令名则长,大丈夫真是应该留芳百世。孔子曰:"君子疾没世而名不称焉。"孔子的话我相信同我是一般的老实,一般

的说得人生之佳致哩。后来王阳明到底是三代以下的人物,思想便不免钻到牛角弯里面去了,将孔夫子的话要曲为之解。按他的意思圣人怎么说名誉呢?疾没世而名不称的称字应读若相称的称字,即是说恐怕死后自己的名誉太大了,实不足以当之。你看这是如何的煞风景。

如此这般情真意切地为名辩护,少见,绝!如此这般情真意切地为名辩护的好名之人偏偏自号"废名",仅见,更绝!!清初学者顾炎武则以为孔子关注的重点乃在"没世":"古人求没世之名,今人求当世之名。吾自幼及老,见人所以求当世之名者,无非为利也。"说孔子只求"没世"也就是身后之名,未必契合孔子之意;而他在近三百年前对"今人"所作的批评,倒完全可以延用至今。

原文

子曰:"君子疾没世而名不称焉。"(《论语·卫灵公第十五》)

今译

孔子说:"君子就担心活了一辈子却没有好名声。"

逝者如斯

> 子在川上曰:"逝者如斯夫,不舍昼夜!"

诗人梁宗岱耸人听闻又不无理由地肯定:"对于深思的灵魂,有时单是一声叹息也可以自成一首绝妙的好诗。"如十七世纪的法国思想家帕斯卡尔《随想录》中的名句:

> 这无穷的空间的永恒的静使我悚栗!

梁氏由此联想到孔子的川上语也正是"哲人的偶然叹息而具有最高意义的诗的价值"的佳例,正是"一首含有宇宙意识的诗":

> 大家都知道,那相信宇宙流动的古希腊哲学家赫拉克来多士关于河流也有一句差不多同样的警辟的话:"我们不能在同一的河浴两次。"不过,他这话是要用河流的榜样来说明他的宇宙观的,是辩证的,间接的,所以无论怎样警辟,终归是散文;孔子的话却同时直接抓住了特殊现象和普遍原理的本体,是川流也是

宇宙的不息的动,所以便觉得诗意葱茏了……"川流"原是一个具体的现象,用形容它的特性的"逝者"二字表出来,于是一切流逝的、动的事物都被包括在内,它的涵义便扩大了,普遍化了;"永久"原有一个抽象的观念,用"不舍"一个富于表现力的动词和"昼""夜"两个意象鲜明的名词衬托出来,那滔滔不息的景象便很亲切地活现在眼前了。

另一位诗人宗白华津津乐道晋人之美,所举的例子之一是:"卫玠初欲过江,形神惨悴,语左右曰:'见此茫茫,不觉百端交集。苟未免有情,亦复谁能遣此?'后来初唐陈子昂《登幽州台歌》:'前不见古人,后不见来者。念天地之悠悠,独怆然而涕下。'不是从这里脱化出来?而卫玠的一往情深,更令人心恸神伤,寄慨无穷。"但他随即声明:

> 然而孔子在川上曰:"逝者如斯夫,不舍昼夜!"则觉更哲学,更超然,气象更大。

孔子面对逝川的喟然有叹不仅迷倒了两千多年后的中国诗人,也吸引了两千多年后的俄国文豪,列夫·托尔斯泰就把这句诗敷衍成了散文,借孔子之口传达了他自己——当然也是不悖孔子精神的文化宣言:

> 学生们看见孔子凝神看河水奔流,十分奇怪。孔子说:"河水过去、今后总是这样奔流,任何人都明白。但是不是每个人都懂得,这水流也正如学问一样。我

望着河水就想到这一点。河水永不停息地奔流,不舍昼夜,直至全部流入大海。我们的父辈、祖辈,他们真正的学问也是这样,它来自世界的端头,无休无止地流向我们。我们也要同样去做,使真正的学问继续流传下去,把学问传给后人,让他们也学我们的榜样,再传给自己的子孙,这样一直传到底。"

这自然是托翁的再创作。晚年他向友人坦露心迹:"起先我不敢更改基督、孔子、佛说的话,现在我想:我应该来更改他们,因为他们是生活在三五千年前的人啊!"而这也正体现了这位伟大的哲人对孔子的敬仰与倾慕——即使《论语》已被他更改得面目全非,即使孔子俨然成了列子("列夫"之列,非列御寇之列也)。

原文

子在川上曰:"逝者如斯夫,不舍昼夜!"(《论语·子罕第九》)

今译

孔子在河岸上说:"逝去的一切正像这流水,日日夜夜从不停息!"

松柏后凋

子曰:"岁寒,然后知松柏之后凋也。"

据《庄子·让王》篇:孔子率弟子周游列国,被困在陈蔡之间七天,只靠喝野菜汤度日,但他依然弹琴唱歌不辍。子路叹息:这可真到"穷"的地步了。孔子淡定地纠正说:"穷"是用来形容对道没有了解的人的;怀抱仁义之道而遭乱世之灾,这不是"穷",而是难得的考验:

大寒既至,霜雪既降,吾是以知松柏之茂也。

借《论语》中的记录添油加醋,不仅为我们创作了孔子语录的另一个版本,还为我们提供了可能的语境,足资参照。

其实可参照的名言傥论远不止此。由于孔说既深蕴哲理,又富于诗意,所以后人不但屡屡引述,往往还有进一步的发挥,如《荀子·大略》:

岁不寒,无以知松柏;事不难,无以知君子无日不在是。

《史记·伯夷列传》：

> 岁寒，然后知松柏之后凋。举世混浊，清世乃见。

《淮南子·俶真》：

> 夫大寒至，霜雪降，然后知松柏之茂也。据难履危，利害陈于前，然后知圣人之不失道也。

除了诸子与正史的引述，它还化入了诗句，化出了诗意。化入诗句的显例如唐人刘禹锡的《将赴汝州途出浚下留辞李相公》：

> 长安旧游四十载，
> 鄂渚一别十四年。
> 后来富贵已零落，
> 岁寒松柏犹依然。

化出诗意的显例如今人陈毅的《冬夜杂咏·青松》：

> 大雪压青松，
> 青松挺且直。
> 要知松高洁，
> 待到雪化时。

宋人又将经冬不凋的竹、至寒始放的梅与松并举，美其名曰岁寒三友——"岁寒"云云，自然也是从孔子之语中衍生而来的。

原文

子曰:"岁寒,然后知松柏之后凋也。"(《论语·子罕第九》)

今译

孔子说:"到天寒了,才知道松柏是最后凋落的。"

智者与仁者

> 子曰:"知者乐水,仁者乐山;知者动,仁者静;知者乐,仁者寿。"

叶秀山说:

> 仁者静穆如山,知者流动如水,此或孔子针对道家而发。盖道家尚水而主静,孔子曰,儒家方为真静,静如山,久驻而寿;乐水知者,如鱼在水中,其乐无穷。或谓后两句事亦涉政治,知者之治,乐也融融;而仁者之治,则能长治久安,征之孔子"安于仁",可谓儒家一贯主张。

《论语》中的语录大多被略去了语境,今天已不易明白有些话是针对什么人、什么事说的,这既给我们造成了理解的困难,却也给我们提供了附会的方便。叶氏以仁知之别来论儒道不同;冯友兰则更扩而大之,借仁知之别来论中西差异。在《中国哲学简史》中交代中国哲学的背景时,冯氏专列"海洋国家和大陆国家"一节,对二者作了大致的比较:

中国人大多数是农民,这也可以用来说明,何以中国未能兴起一个工业革命,把中国带入现代世界。《列子》里有一个故事:宋国国君叫一个巧匠雕刻一瓣玉叶。巧匠用三年时间雕成了,它如此逼真,以至无人能把它与真的树叶分辨开来。国君十分得意。列子听说这事后评论:"使天地之生物,三年而成一叶,则物之有叶者寡矣。"这是崇尚自然、谴责人为之士的见解。农民的生活方式容易倾向于顺乎自然。他们爱慕自然,谴责人为;在原始的纯真中,也很容易满足。他们不喜欢变革,也无法想象事物会变化。在中国历史上,曾有不少发明和发现,但它们不曾受到鼓励,却相反受到了打击。

处身在海洋国家的商人们,情况迥然不同。他们有更多的机会见到语言、风俗都不同的异族人民。他们习惯于变化,对新奇事物并不惧怕。而且为了货物得以销售,他们必须对所创造的东西不断创新。西方的工业革命首先发生在英国这样一个靠贸易维持繁荣的海洋国家,不是偶然的。

而他的总结是:

我们可以仿效孔子的话说,海洋国家的人是知者,大陆国家的人是仁者,然后照用孔子的话说:"知者乐水,仁者乐山;知者动,仁者静;知者乐,仁者寿。"

仿效得够巧妙。

我们还可以仿效西谚"说不尽的莎士比亚"说:说不尽的《论语》。

原文

子曰:"知者乐水,仁者乐山;知者动,仁者静;知者乐,仁者寿。"(《论语·雍也第六》)

今译

孔子说:"智者爱水,仁者爱山;智者多动,仁者好静;智者快乐,仁者长寿。"

以文会友

曾子曰:"君子以文会友,以友辅仁。"

朱熹发挥说:"讲学以会友,则道益明;取善以辅仁,则德益进。"同声相求,同气相应,所以伊索说:"谁喜欢什么样的朋友,谁就是什么样的人。"好的老师,好的朋友,好的书籍,都是一个人成长过程中必要的营养素、催化剂。汉代人有言:"贤师良友在其侧,《诗》《书》《礼》《乐》陈于前,弃而不为善者,鲜矣。"而唐代诗人祖咏的《清明宴司勋刘郎中别业》:

以文长会友,

唯德自成邻。

显而易见,都是从《论语》中衍化出来的。前一句不必说,后一句则改写自孔子的名言:"德不孤,必有邻。"

原文

曾子曰:"君子以文会友,以友辅仁。"(《论语·颜渊第十二》)

今译

曾子说:"君子通过学问来结交朋友,通过交友来促进仁德。"

见贤思齐

> 子曰:"见贤思齐焉,见不贤而内自省也。"

孔子说过:"三人行,必有我师焉,择其善者而从之,其不善者而改之。"同行者无论贤或不贤,好的地方我可以师法,由"思齐"而"从之";不好的地方我可以借鉴,由"内自省"而"改之"——两章语意正可互相补充。

这不仅是孔子的观念,也是古人共有的观念。老子说:"善人者,不善人之师;不善人者,善人之资。"荀子说:"见善,修然必以自存也;见不善,愀然必以自省也。"

这不仅是中国人的观念,也是外国人共有的观念。波斯诗人萨迪在《蔷薇园》第二卷《修士的品德》中记述:

有人问鲁格曼:"你的礼貌是向什么人学来的?"

他回答说:"向那没有礼貌的人。凡是他那些要不得的举动,我决不去做。"

虽然只是一句不经意的玩笑,

智者却从中引出许多思考。

虽然那是千真万确的真理,

愚人却始终视作儿戏。

明初讲究笃实躬行的醇儒薛瑄大概受孟子"以友天下之善士为未足,又尚论古之人"说的影响,更进一步提出借鉴对象不应只限现实中的活人,还应另加历史上的死人:

> 思齐内省,不独见当时之人如此,以至读古人之书,见古人之贤者皆思齐,见古人之不贤者皆自省,则进善去恶之功益广矣。

这是不惜以一人之力,来与古今众生同时较劲了。这样的设想我等凡庸之辈要是当真实行起来——或者仅仅憧憬一下,其远景可能是把你自我净化到超凡越圣,倾国倾城;其近景一定是先把你自惭形秽得百孔千疮,遍体鳞伤。苛刻的理学家无论对己还是对人,出起狠招来确乎是不留退路的。我们今天不具备这样的定力,不具备这样的能力,只有借轻笑古人的迂阔,来掩饰自己的懦弱了。

原文

子曰:"见贤思齐焉,见不贤而内自省也。"(《论语·里仁第四》)

今译

孔子说:"见了贤人就想着向他看齐,见了不贤的人就借此自我反省。"

言与行

子曰:"君子欲讷于言而敏于行。"

正如现代诗人所歌吟的:
   言论的花儿
      开得愈大,
   行为的果子
      结得愈小。

有感于夸夸其谈者远多于默默实干者,孔子再三表达了对前者的不屑,如"巧言令色,鲜矣仁";对后者的表彰,如"刚毅木讷近仁"。他感慨过去的人话不轻易出口,认为说了做不到是一种耻辱,而这种古风今天却很少见了。他的学生司马牛也爱高谈阔论,一次问老师怎样才算仁,孔子单刀直入:仁人说话往往迟钝。司马牛不服:说话迟钝就叫仁吗?孔子毫不让步:做起来那么艰难,说起来能那么草率吗?所以君子应该是"讷于言而敏于行"的。所谓迟钝,也就是要谨慎、稳重的意思。这句名言对后人影响深远,从毛泽东将两个女儿分别取名为"李敏"与"李讷"即可见一斑。

原文

子曰:"君子欲讷于言而敏于行。"(《论语·里仁第四》)

今译

孔子说:"君子应该言语谨慎,行动敏捷。"

不患无位

> 子曰:"不患无位,患所以立。不患莫己知,求为可知也。"

类似的话孔子说过多次,如"不患人之不己知,患其不能也";如"君子病无能焉,不病人之不己知也",既用以宽慰自己,又用以鼓舞学生。到了荀子,就把这一思想更加系统化了:

> 士君子之所能不能为:君子能为可贵,不能使人必贵己;能为可信,不能使人必信己;能为可用,不能使人必用己。故君子耻不修,不耻见污;耻不信,不耻不见信;耻不能,不耻不见用。是以不诱于誉,不恐于诽,率道而行,端然正己,不为物倾侧,夫是之谓诚君子。

意思是说:士君子有些事是能做到,有些事是不能做到的。君子能做到值得被人推重,但不能做到让他人一定推重自己;能做到值得被人相信,但不能做到让他人一定相信自己;

能做到值得被人任用,但不能做到让他人一定任用自己。所以君子会把品德有污当作耻辱,但不会把被人污蔑当作耻辱;会把诚信不足当作耻辱,但不会把不被信任当作耻辱;会把能力欠缺当作耻辱,但不会把不被任用当作耻辱。所以他不要虚誉,不怕诽谤,行事遵循道义,严格要求自己,不会被外在的东西搞得神魂颠倒,这才叫真君子。

的确,一个人有了让人钦服的本领,哪怕没有教授职称,最终也会赢得尊敬;没有让人钦服的本领,哪怕拥有院士头衔,最终也会落下笑柄。因此理智健全、头脑清醒的人最好不要通过歪门邪道去攫取自己的实力不能与之相配的职衔;有了这样虚高的职衔最好也别洋洋自得,更别不可一世,而不妨多看看自己的"位"与"所以立"之间的差距。报载复旦大学物理系首席教授王迅以为一个好的教授应该具备相应的文化素质、学术水平和教学能力,能出色地主讲本科生基础课,能独立开辟新的研究方向,有国际公认的学术成果,经常参加重要学术会议跟世界一流科学家对话。进而他毫不含糊地宣称:若以美国加州大学伯克利分校之类世界名校的标准来衡量,复旦大学物理系"够得上教授水平的一个也没有"——包括他这个堂堂中国科学院院士在内。对于队伍仍在持续壮大中的博士、教授乃至院士来说,从孔子的教言到王氏的针砭,正堪时时三复,以免自觉天下之美尽在于己——因为很可能,你仍在井底。

原文

子曰:"不患无位,患所以立。不患莫己知,求为可知也。"(《论语·里仁第四》)

今译

孔子说:"不怕没有职位,就怕用来履职的能力不够。不怕没有人知道我,要追求值得让人知道的本领。"

仕与隐

宪问耻,子曰:"邦有道,谷;邦无道,谷,耻也。"

孔子主张:"天下有道则见,无道则隐。邦有道,贫且贱焉,耻也;邦无道,富且贵焉,耻也。"国中有道,自当履行社会职责;国中无道,却仍身居高位,那就可能甚至必然要以同流合污、为虎作伥来作代价。刘殿爵说:

> 不管国家治乱都迫不及待地等着当官是孔子深以为"耻"的,"邦有道,谷;邦无道,谷,耻也"。因为当"道"不行于国中时,人只能违扭原则来保住职位,如果不这样,那就是自蹈死地。在这种情况下,人只能避祸而远之,专心追求人生最高的境界,独善其身。不管国有道与否,史鱼为人梗直如飞矢,孔子嘉许他的刚毅。与他相反,蘧伯玉于国有道时入仕,而国无道时则退隐,孔子仍称其为君子。孔子屡次表达了这种态度。"子谓南容,'邦有道,不废;邦无道,免于刑

戮'。"宁武子在国家有道时贤明,而国无道时便装傻,孔子说:"其知可及也,其愚不可及也。"孔子认为全德避祸的办法就是"邦有道,危言危行;邦无道,危行言孙"。这和他的一般看法是一致的。

而所以有这么多"有道""无道"的对比、行藏进退的讨论,也正可见孔子及其弟子当日的处世之艰与抉择之难。

向孔子请教的原宪,在孔门中以清净守节、贫而乐道著称。据《论语》记载,当孔子任鲁司寇时,他任孔家总管,曾力辞应得的俸米。据《庄子》及《史记》记载,在孔子死后,他隐居荒郊,身体力行了孔子的教导。而官高禄厚的子贡,却栽在了他的手里。

一天,已然贵为卫国国相的子贡带着前呼后拥的随从,分开高过人头的野草,来到僻陋的里巷探访原宪。看着穿戴破旧的老同学,"子贡耻之",带着蔑视脱口就问:

夫子岂病乎?

翻成现代汉语,就是您是不是有病。原宪冷冷地反唇相讥:

吾闻之:无财者谓之贫,学道而不能行者谓之病。

若宪,贫也,非病也。

已经说出来的话是:我当然没病,只是贫困而已。没有说出来其实却等于已经说出来的话是:真正有病的正是自以为别人有病的人。子贡面露惭色,怏怏而去,并且终身都为这次的出言不慎感到后悔——"终身耻其言之过也"。巧的是司马迁描述子贡,先是见原宪而耻之,后是因失言而自耻,前后两次用的恰都是当年原宪问的这个"耻"字。

原文

宪问耻,子曰:"邦有道,谷;邦无道,谷,耻也。"(《论语·宪问第十四》)

今译

原宪问什么可耻,孔子说:"国家有道时吃俸禄;要是国家无道时还吃俸禄,那就可耻。"

不耻恶衣恶食

> 子曰:"士志于道,而耻恶衣恶食者,未足与议也。"

跟这句话意思相近,孔子还说过"士而怀居,不足以为士矣"——一个士要是只以家居为怀,一心贪图安逸,他就不是一个够格的士了。人的精神与力量都是有限的,不有所舍,必无所成,投入于精神的东西多一分,投入于物质的东西就少一分,反之亦然。而士任重道远,不可以不弘毅,因此食无求饱,居无求安,就成了士的题中应有之义。雨果谴责"对物质过度热情,这是我们时代的罪恶":

> 人有了物质才能生存,人有了理想才谈得上生活。你要了解生存与生活的不同吗?动物生存,而人则生活……除了饱食终日以外,还有另外一些更重要的事情。动物的目的,并不就是人类的目的。

而人是可以也应该"把自己的希求提得更高一些"的。一个有抱负的人是这样,一个有希望的民族也是这样。1935 年,许地山在北京大学演讲《造成伟大民族的条件》,既肯定"凡伟大的民族须有多量的生活必需品",也强调"凡伟大的民族必有生活向上的正当理想,不耽于物质的享受":

> 物质生活虽然重要,但不能无节制地享用。沉湎于物质享受的民族是不会有高尚的理想的。一衣一食,只求充足和有益。爱惜物力,守护性情,深思远虑,才能体会他和宇宙的关系。人类的命运是被限定的,但在这被限定的范围里当有向上的意志。所谓向上是求全知全能的意向,能否得到且不管它,只是人应当努力去追求。为有利于人群,而不教自己或他人堕落与颓废的物质享受是可以有的。我们也可说伟大的民族没有无益嗜好,时时能以天地之心为心。古人所谓明明德、止至善,便是这个意思。我信人可以做到与天同体、与地合德的地步,那只会享乐不乐思维的民族对于这事却不配梦想。

听了雨果的话,我们已说过:一个人是这样,一个民族也是这样。听了许氏的话,我们还要说:一个民族是这样,一个人也是这样。

原文

子曰:"士志于道,而耻恶衣恶食者,未足与议也。"(《论语·里仁第四》)

译文

孔子说:"士有志于道,却以自己穿得不好吃得不好为耻,这样的人就不值得跟他再说什么了。"

贫富之间

> 子贡曰:"贫而无谄,富而无骄,何如?"
> 子曰:"可也,未若贫而乐,富而好礼者也。"

就穷人与富人的不同心态,子贡向孔子求教穷人与富人的为人准则。孔子既肯定了他的意见,也提出了更高的要求:贫贱者除了不对富贵者阿谀讨好,最好还能忧道不忧贫;富贵者除了不对贫贱者托大摆谱,最好还能好礼不逾矩。慑于饥寒的贫贱者人穷志短,往往难以坚守理想;流于逸乐的富贵者财大气粗,往往不免恣意妄为。朱熹对这一章有丝丝入扣的解读:

> 谄,卑屈也。骄,矜肆也。常人溺于贫富之中,而不知所以自守,故必有二者之病。无谄无骄,则知自守矣,而未能超乎贫富之外也。凡曰"可"者,仅可而有所未尽之辞也。乐则心广体胖而忘其贫,好礼则安处善,乐循理,亦不自知其富矣。

他还联系子贡由经商而致富的履历,称其正是为自己能"用力于自守"而沾沾自喜,期待老师夸奖,所以才设计了这么富于启发性的问题。而孔子的回答,则是"许其所已能,而勉其所未至也"。

原文

子贡曰:"贫而无谄,富而无骄,何如?"子曰:"可也,未若贫而乐,富而好礼者也。"(《论语·学而第一》)

今译

子贡说:"贫穷而不谄媚,富有而不自大,怎么样?"孔子说:"还行,不过比不上贫穷却依然快乐,富贵却依然好礼。"

义利之辨

子曰:"君子喻于义,小人喻于利。"

劳思光详辨"所谓'义',在《论语》中皆指'正当'或'道理';偶因语脉影响,意义稍有变化,但终不离此一意义"。陈大齐则指出:

> 孔子此言只在表示:君子知道义的好处而爱好义,一切行事都以义为准则;小人只知道利的好处而爱好利,一切行事都以利为准则。不可推测过甚,以为义与利两相矛盾、不能并容,义者必不利,利者必不义。亦不可推测过甚,以为"喻于义"与"喻于利"是君子与小人所由分,君子只可"喻于义",不可"喻于利",一"喻于利",便成小人。过甚的推测足以令人误解孔子思想的真意。孔子并未主张义与利是两不相容的,亦未主张君子见了利便应掉头不顾,不容作任何考虑。

从《论语》中我们可以看到孔子说"见利思义"、"见得思义",都在教人不要忘义,不在教人应该弃利。忘义固为真小人,取利未必非君子。陈氏还引孔言"不义而富且贵,于我如浮云"来证明"富且贵是私利,然孔子所视若浮云而不欲得的只是不义的富贵;若是合义的富贵,不在孔子摒弃之列";引孔言"邦有道,贫且贱焉,耻也"来证明"合义的富贵不但不应当摒弃,而且是应当求取的"。

　　君子固不绝缘于利,而小人在君子的感召下,亦非全然不可喻之于义。《世说新语·德行》记载:

　　　　荀巨伯远看友人疾,值胡贼攻郡,友人语巨伯曰:"吾今死矣,子可去。"巨伯曰:"远来相视,子令吾去,败义以求生,岂荀巨伯所行邪!"贼既至,谓巨伯曰:"大军至,一郡尽空,汝何男子,而敢独止?"巨伯曰:"友人有疾,不忍委之,宁以我身代友人命。"贼相谓曰:"我辈无义之人,而入有义之国。"遂班军而还,一郡并获全。

孔子崇尚"见危授命",并说:"言忠信,行笃敬,虽蛮貊之邦,行矣"——汉代荀巨伯的故事,正是一个君子以"见危授命"的高义感化了前来杀人越货的蛮貊之邦小人的显例。

原文

子曰:"君子喻于义,小人喻于利。"(《论语·里仁第四》)

今译

孔子说:"君子明白的是义,小人明白的是利。"

市侩主义

> 子曰："饱食终日，无所用心，难矣哉！不有博弈者乎？为之，犹贤乎已。"

俄国文豪高尔基为市侩主义下的定义，就是"很少的工作，很少的想，很多的吃"，如用文言翻译，几乎可以照搬孔子之语。梁启超论及敬业时就拿孔子说事：

> 孔子说："饱食终日，无所用心，难矣哉！"又说："群居终日，言不及义，好行小慧，难矣哉！"孔子是一位教育大家，他心目中没有什么人不可教诲，独独对于这两种人便摇头叹气说"难"！"难"！！可见人生一切毛病都有药可医，惟有无业游民，虽大圣人碰着他，也没有办法。

> 唐朝有一位名僧百丈禅师，他常用两句格言教训弟子，说道："一日不做事，一日不吃饭。"他每日除上堂说法之外，还要自己扫地、擦桌子、洗衣服，直到八十岁日日如此。有一回他的门生想替他服劳，把他

本日应做的工悄悄地都做了,这位言行相顾的老禅师老实不客气,那一天便绝对的不肯吃饭。

我征引儒门佛门这两段话,不外证明人人都要有正当职业,人人都要不断地劳作。倘若有人问我,百行什么为先,万恶什么为首,我便一点不迟疑答道:"百行业为先,万恶懒为首。"

这自然是老生常谈——而所以能成为常谈,正因其言合乎常理。但愿我们不会有跟钱钟书读完某位英国学者的文集时相同的感受:

他这些话也许是该说的,但我怕是白说的。

原文

子曰:"饱食终日,无所用心,难矣哉!不有博弈者乎?为之,犹贤乎已。"(《论语·阳货第十七》)

今译

孔子说:"整天吃饱了肚子,却不用任何心思,这太麻烦了!不是有掷骰子、下围棋的人吗?玩着,也比什么都不干好啊。"

思不出位

> 曾子曰:"君子思不出其位。"

曾子的话显然是对孔子的名言"不在其位,不谋其政"的申说。潘重规阐释云:

> 君子的人,谨身自守,明辨慎思,凡所思虑,必能依其职位,而不致有越分之想。《周易·艮卦·象辞》云:"君子以思不出其位。"《礼记·中庸》云:"君子素其位而行,不愿乎其外。"并可与此文相参证。

人人"谨身自守",难免进取不足;然而要是人人充满"越分之想",也是可怕的事。供职于国中最高人文研究机构——中国社会科学院、常作今生叹的历史学家金生叹以《越位》为题撰文:

> 曾子曰:"君子思不出其位。""左"的年代,对此语一棍子打死,谓其麻醉被剥削、被压迫者,安于被奴役现状。现在看来,此亦片面之论也。验诸现实生活,无论官民,倘不安其位,胡思乱想,动辄越位,则往

往为社会不容。足球场上，因越位在先，即使进球亦无效，固不必论矣。利用权力贪赃枉法、包二奶等等，其实不亦正是越位行径乎？即使学术、文化界，越位现象也是屡见不鲜。如某人，原在某有司管总务，读书甚少，后竟委以领导某文化团体重任，已属越位；此公又无自知之明，经常发表"重要"讲话，居然说出"《诗经》是我国第一部散文集，其中《孔雀东南飞》很精彩，罗敷的形象很动人"那样不通至极的话来。又如某人，高中文化，原系某领导秘书，后调任某人文研究机构，成了负责人之一，居然摇身一变，成了博士导师，不知其博在何处，以何物导人？另一要员，原本学的理工，现已是两门人文科学之博导，正拟再当人类学博导，全不怕误人子弟。此辈若能从"君子思不出其位"有所悟，又安能胆大妄为、徒增笑柄乎！

不过要是今生真不再有诸如此类可叹的"笑柄"了，小到《越位》这样精悍的杂文，大到《官场现形记》、《二十年目睹之怪现状》那样斑斓的长卷都失却了产生的土壤，那文坛该多么沉寂、世界又该多么乏味啊！

原文　　　　　　　　　　**今译**

　　曾子曰："君子思不出其　　　　曾子说："君子动念不
　位。"（《论语·宪问第十四》）　　会越出自己的本位。"

乡愿

> 子曰:"乡愿,德之贼也。"

孟子对"乡愿"做过具体的阐释:那是些"阉然而媚于世"的人,他们全无原则,全无性情,"同乎流俗,合乎污世",混得很好,但却"不可与入尧舜之道"。不幸中国社会长期以来都是被乡愿支配的。宗白华说:

> 孔子知道道德的精神在于诚,在于真性情,真血性,所谓赤子之心。扩而充之,就是所谓"仁"。一切的礼法,只是它托寄的外表。舍本逐末,丧失了道德和礼法的真精神真意义,甚至于假借名义以便其私,那就是"乡愿",那就是"小人之儒"。这是孔子所深恶痛绝的。孔子曰:"乡愿,德之贼也。"又曰:"汝为君子儒,无为小人儒。"他更时常警告人们不要忘掉礼法的真精神真意义……然而孔子死后,汉代以来,孔子所深恶痛绝的"乡愿"支配着中国社会,成为"社会栋梁",把孔子至大至刚、极高明的中庸之道化成弥漫

社会的庸俗主义、妥协主义、折衷主义、苟安主义。孔子好像预感到这一点,他所以极力赞美狂狷而排斥乡愿。

另一位也认为中国社会充斥了乡愿的学者梅光迪,则把乡愿等同于投机分子与成功人士。他援引G·L·狄更生之言,谓世上有一等人,"和光同尘,随时俯仰,以成功为其准则,故生于尚武时代,则为军人;生于宗教时代,则为僧尼;生于拜金之现代美国,则为银行家、为巨商"。这一类人在他看来正是乡愿,而"吾国数千年社会,即为此种投机分子之大舞台"。

至今犹然——如果不是于今为烈的话。

原文

子曰:"乡愿,德之贼也。"(《论语·阳货第十七》)

今译

孔子说:"乡愿是败坏道德的蟊贼。"

恶居下流

> 子贡曰:"纣之不善,不如是之甚也。是以君子恶居下流,天下之恶皆归焉。"

纣是商朝最后一个君主,才力过人,不无建树,但却刚愎自用,耽于酒色,横征暴敛,残害忠良,终致民怨沸腾,众叛亲离。周武王伐商时商军倒戈,纣以战败自焚。这样一位末代之君自然不可能成为历史上的正面形象,但在不断增饰的记载与传说中,他已成为恶君乃至恶人的标本,不是他的罪恶也被记在他的帐上。子贡看到了这一点,其言主观上是对自身修养提出的要求,客观上却成为对史乘失实提出的批评,直到现代仍深获学者的共鸣。以倡古史辨著称的顾颉刚指出:

> 春秋战国时人说话,最喜欢举出极好的好人和极坏的坏人作议论的材料。极好的好人是尧、舜、汤、禹;极坏的坏人是桀、纣、盗跖。所以战国时有一句成语,叫做"誉尧非桀"(这句话的本义是誉尧舜而非桀

纣,因为要句子短一点,便单举了尧桀。实际上,誉舜非纣的要更多)。一个人天天给人家称誉,自然要好到三十三天的顶上去了;一个人天天给人家菲薄,十八层地狱的末一层也就按定他跌进去了。这种过度的毁誉说了太离奇时,即在没有历史观念的时代,也免不得引起听者的疑惑。所以尧舜的誉有韩非子等的怀疑,而桀纣的毁也被子贡和荀子看出了破绽。荀子道:古者桀纣"身死国亡,为天下大僇,后世言恶,则必稽焉"。说到"言恶必稽",分明看出桀纣负了种种恶事的责任,为无量数恶人当着代表。但他并没有进一步推翻伪史。子贡便老实说破了,他道:"纣之不善,不如是之甚也。是以君子恶居下流,天下之恶皆归焉。"这是说明纣的不善的声名都由于他所站的恶劣的地位而来,说得非常的对。因为普通人的心目中原是不看见个人而只看见地位的,老话所谓"牌子"、新语所谓"偶像",都是这种心理的表现……谚云:"成则为王,败则为寇。"这个观念能跳出的有几人呢!纣既不幸亡国,他的牌子天天被周朝人毁坏,他成为一个罪恶所归的偶像自然是无足怪的事了。

以撰《厚黑学》著称的李宗吾则索性仿拟子贡之言补充道:"尧舜禹汤文武周公之善,不如是之甚也。是以君子愿居上流,天下之美皆归焉。"并进一步申论:"若把'下流'二字改作失败,把'上流'二字改作成功,更觉确切。"我们自不必像某些浅人妄徒那样,专做刻意标新、哗众取宠的历史翻案文章;但有数不在少的历史与现实,是可以也值得从这个角度来深思与深究的。

原文

子贡曰:"纣之不善,不如是之甚也。是以君子恶居下流,天下之恶皆归焉。"(《论语·子张第十九》)

今译

子贡说:"纣的恶劣,没到这么过分的地步。所以君子最怕沦入下流,那样一来天下的坏名声就都归在他身上了。"

失人与失言

> 子曰："可与言而不与之言，失人；不可与言而与之言，失言。智者不失人，亦不失言。"

李泽厚说：这不过是"生活的普通智慧，但并不容易做到，失言失人，固常见者"。

例子太多——有时连"智者"且不得幸免。

1953年，有"最后一个儒家"之誉的梁漱溟在全国政协会议上对过渡时期总路线报告提出意见，反映近年工人生活水平有所提高而农民依然很苦，以致民间有"工人农民生活九天九地之差"的抱怨。其言一出即遭毛泽东呵斥，更被指控为反对党的总路线而受到围攻。据其9月17日日记：

> 先由章伯钧起立发言，指责我许多。继由周总理在台上长篇讲话，追述往事，说我一贯反动。毛主席三次插言。一次说：人家都说你是好人，我看你是伪君子。（引者按：收入《毛泽东选集》第五卷的《批判

梁漱溟的反动思想》中的原话有:"'羞恶之心,人皆有之',人不害羞,事情就难办了。说梁先生对于农民问题的见解比共产党还高明,有谁相信呢?班门弄斧。比如说,'毛泽东比梅兰芳先生还会做戏,比志愿军还会挖坑道,或者说比空军英雄赵宝桐还会驾飞机',这岂不是不识羞耻到了极点吗?所以梁先生提出的问题,是一个正经的问题,又是一个不正经的问题,很有些滑稽意味。他说他比共产党更能代表农民,难道还不滑稽吗?出了这么多的'农民代表',究竟是代表谁呢?是不是代表农民的呢?我看不象,农民看也不象。他们是代表地主阶级的,是帮地主阶级忙的。其中最突出的,花言巧语的,实际上帮助敌人的,是梁漱溟……梁漱溟是野心家,是伪君子。他不问政治是假的,不想做官也是假的。他搞所谓'乡村建设',有什么'乡村建设'呀?是地主建设,是乡村破坏,是国家灭亡!")一次说:你不是以刀杀人,却是以笔杀人。(引者按:《批判梁漱溟的反动思想》中的原话有:"讲老实话,蒋介石是用枪杆子杀人,梁漱溟是用笔杆子杀人。杀人有两种,一种是用枪杆子杀人,一种是用笔杆子杀人。伪装得最巧妙,杀人不见血的,是用笔杀人。你就是这样一个杀人犯。梁漱溟反动透顶,他就是不承认,他说他美得很……你梁漱溟的功在哪里?你一生一世对人民有什么功?一丝也没有,一毫也没有。而你却把自己描写成了不起的天下第一美人,比西施还美,比王昭君还美,还比得上杨贵妃。")末次说:对于你非止这一次不开除你的政协委员,下届政协仍将有你。为什么?因为社会上有一部分人还受你迷惑。(引者按:《批判梁漱溟的反动思想》中的原话有:"在第二届政协全会上,我还希望他当选为委员。其原因是:因为还有一些人愿意受他的欺骗,还不了解他,他还有充当活教材的作用,所以他还有资格当选为委员,除非他自己不愿意借政协的讲坛散布他的反动思想了。前面我讲了,梁漱溟没有一点功劳,没有一点好处……为什么他又能当上政协全国委员会的委员呢?中共为什么提他做这个委员呢?就是因为他还能欺骗一部分人,还有一点欺骗的作用。他就是凭这个骗人的资格,他就是有这个骗人的资格。")

到了次日:

> 午后开会,我登台发言,气势甚盛。我说:我根本没有反对总路线,而主席却诬我反对总路线。今天我要看一看毛主席有无雅量收回他的话。毛主席立刻厉声说:告诉你,我没有雅量!我正待再说下去,会场内群众哄然而起,要求扯我下台,不容我再发言。

数十年过去了,梁氏已成故人。他早年在北京大学任教时的学生张中行追悼这位危言危行、不识时务的老师说:

> 梁先生年轻时候信佛,曾想出家,"从"政以后,虽然仍旧茹素,却像是不再想常乐我净方面的妙境,而成为纯粹的儒。与法家相比,儒家是理想主义者,相信人性本善,人皆可以为善。而世间确是有不善,怎么办?办法还是理想主义,比如希望君主都成为尧、舜,臣子都成为诸葛亮、魏征。希望多半落空,怎么办?理想主义者一贯是坚信,暂时可以落空,最终必不落空。理想主义者总是彻头彻尾的理想主义者……恕我狂妄,在梁先生作古之后还吹毛求疵。我总是认为,梁先生的眼镜是从 Good 公司买的,于是看孔、孟,好;看人心不古的今人,还是好;直到看所有的人心,都是好。可是就是这样的他眼镜中的好人,集会批判他了,因为他是不隐蔽的孔子的门徒;孔早死了,抓不着,只好批其徒。他不愧为梁先生,恭聆种种殊途而同归的高论之后,照规定说所受教益,还是老一套,就是大家熟知的:"三军可夺帅也,匹夫不可夺志。"事过境迁,现在有不少人赞叹了。我则认为梁先生明志,引《论语》还引得不够。应该加什么?显然应该加上另外两句:一句是"道之不行,已知之矣";另一句是"不可与言而与之言,失言"。这也就可证,梁先

生是地道的理想主义者,甚至空想主义者。

用沉着的笔调表达沉痛的感慨,而对《论语》恰到好处的引述,更起到了为全文点睛的作用。

原文

子曰:"可与言而不与之言,失人;不可与言而与之言,失言。智者不失人,亦不失言。"(《论语·卫灵公第十五》)

今译

孔子说:"可以讲却不跟他讲,这是错过了人。不可以讲却硬跟他讲,这是说错了话。智者既不该错过人,也不该说错话。"

辞达而已

> 子曰:"辞达而已矣。"

语言是表达思想、传承文化的工具,言之无文,行之不远;但修饰是手段,达意是根本,过犹不及,文辞亦然。简洁的话语传达了鲜明的观点,正不失为"辞达而已矣"的现成范例。

1930年,小说家张恨水以此为题撰文,借孔子之言来解构胡适《建设的文学革命论》中的立论:

> 主张文学革命的人曾立下几个定则,不惜以金针度人。他说:一、要有话说,方才说话。二、有什么话,说什么话;话怎么说,就怎样说。三、要说我自己的话,别说别人的话。四、是什么时代的人,说什么时代的话。你看他重三倒四地定了这四个定例,好像费了许多锻炼,才说出来似的。其实所谓死的文学里面,像这样的定例早是有了,而且发挥得极切实,极干脆,就是三家村里蒙童所必读的一句书——"辞达而已矣"。

这样一句很容易说出来的话,看起来似乎简单。但是我们细细地咀嚼一番,实在有道理。回头来再一研究那四条定例,反而觉得累赘了。我这篇漫言就是白话,自然不反对白话。而作白话的定则,我认为也无非辞达而已矣。文学革命家偏要弯弯曲曲说上许多,岂不是图干脆而反捣麻烦?古人说,苏东坡之诗,大步走出,自然大方;黄山谷扭捏作态,费许多力气依然不讨好,为的什么?这话拿来论白话文的什么规矩,什么体律,倒是相合。

从文学革命家不屑的"死的文学"中,拈出既与他们主张相同、又比他们表述高明的名句,来对他们进行婉讽,也不失为善用《论语》之一例。

原文　　　　　　　　　**今译**

　　子曰:"辞达而已矣。"　　孔子说:"言辞能明白
(《论语·卫灵公第十五》)　　表意就行了。"

困学

> 孔子曰:"生而知之者,上也;学而知之者,次也;困而学之,又其次也;困而不学,民斯为下矣。"

孔子相信有生而知之的天才,但他明确表示"我非生而知之者"。连"大成至圣先师"都不在内,可见生而知之者的珍稀远过于大熊猫——这对芸芸众生不啻是一个必要的安慰。生而知之者不必学,因而不学者不肯学,于是"唯上智与下愚不移",能"移"也就是能通过学习有所变化的都是中人之资。绝大多数的普通人无疑都是困而学之、学而知之的。不仅普通人,不少名家甚至大师也不讳言他们是在困惑中发愤学习从而才祛除困惑的,因此"困学"、"困知"就成了艰苦求索的代名词,也成为古今学者钟情的常用词,例如南宋大学者王应麟把自己的名著命名为《困学纪闻》,明代思想家罗钦顺把自己的名著命名为《困知记》,哲学史研究名家赵纪彬把自己的论文集命名为《困知录》,近代史研究名家罗尔纲把自己的论文集命名为《困学集》。与《论语》并为《四书》之一的《中庸》既说:"或生而知之,或学而知之,或困而知之,及其知一也。"又说:"人一能之,己百之;人十能之,己千之。果能此道矣,虽愚必明,虽柔必强。"正可作本章的补充。

原文

孔子曰:"生而知之者,上也;学而知之者,次也;困而学之,又其次也;困而不学,民斯为下矣。"(《论语·季氏第十六》)

今译

孔子说:"生来就知道的人最高明;通过学习知道的人次一等;有了困惑再去学的又次一等;而有困惑仍不愿学,这样的人就是最下等的了。"

日知

子夏曰:"日知其所无,月无忘其所能,可谓好学也已矣。"

"日知其所无"是知新,"月无忘其所能"是温故。清代学者陈澧说这两句话"读之似甚浅近,然二者实学问之定法也"。最堪称典型的,就是明末清初伟大的学者顾炎武及其名著《日知录》。作者题记:

> 愚自少读书,有所得辄记之。其有不合,时复改定。或古人先我而有者,则遂削之。积三十余年,乃成一编,取子夏之言,名曰《日知录》,以正后之君子。

兀兀穷年、孜孜不倦已经成为顾氏的生活常态。他的学生潘耒记述:

> 精力绝人,无他嗜好,自少至老,未曾一日废书。出必载书数簏自随,旅店少休,披寻搜讨,曾无倦色。有一疑义,反复参考,必归于至当。有一独见,援古证今,必畅其说而后止。当代文人才士甚多,然语学问,

必敛衽推顾先生。

他的朋友王弘撰记述:

> 每见予辈或宴饮终日,辄为攒眉。客退,必戒曰:"可惜一日虚度矣!"其勤厉如此。

心中长存日必知其所无之念,自然也就不肯教一日虚度了。

原文

子夏曰:"日知其所无,月无忘其所能,可谓好学也已矣。"(《论语·子张第十九》)

今译

子夏说:"每天知道一点自己不知道的东西,每月不要忘记自己已经学会的东西,这就称得上是好学了。"

理想生活

> 子曰:"知之者不如好之者,好之者不如乐之者。"

梁启超竭力鼓吹生活的价值就在于从自己的工作、自己的职业中领略出趣味,体会到快乐:

> 凡职业都是有趣味的,只要你肯继续做下去,趣味自然会发生。为什么呢?第一,因为凡一件职业,总有许多层累曲折,倘能身入其中,看它变化进展的状态,最为亲切有味。第二,因为每一职业之成就,离不了奋斗,一步一步地奋斗前去,从刻苦中得快乐,快乐的分量加增。第三,职业的性质常常要和同业的人比较骈进,好像赛球一般,因竞胜而得快乐。第四,专心做一职业时,把许多游思妄想杜绝了,省却无限闲烦恼。孔子说:"知之者不如好之者,好之者不如乐之者。"人生能从自己职业中领略出趣味,生活才有价值。孔子自述生平说道:"其为人也,发愤忘食,乐以

忘忧,不知老之将至云尔。"这种生活真算得人类理想的生活了。

这样的理想生活,应该不是可望而不可即的。

原文

子曰:"知之者不如好之者,好之者不如乐之者。"
(《论语·雍也第六》)

今译

孔子说:"知道它的人比不上爱好它的人;爱好它的人比不上以它为快乐的人。"

有教无类

子曰:"有教无类。"

孟子把"得天下英才而教育之"视为君子的最大乐趣之一,这在孔孟是一脉相承的。孔子号称弟子三千,其中既有贵族,也有平民。胡适说:

> 他认定了教育可以打破一切阶级与界限,所以曾有这样最大胆的宣言:"有教无类。"这四个字在今日好象很平常;但在两千五百年前,这样平等的教育观必定是很震动社会的一个革命学说。因为"有教无类",所以孔子说:"自行束脩以上,吾未尝无诲焉。"所以他门下有鲁国的公孙,有货殖的商人,有极贫的原宪,有在缧绁之中的公冶长。因为孔子深信教育可以摧破一切阶级的畛域,所以他终身"为之不厌,诲人不倦"。

教育家傅任敢更阐释说:

> 孔子的意思是说,不要只收某一类学生,不收另一

类学生,而要一视同仁,不加歧视;要扩大教育面,而不要限制教育面;要扩散知识,而不要垄断知识。所以他又说过,只要"自行束脩以上"去向他求教,他就没有不教的……孔子的教育活动也证实了"有教无类"的本意。他的学生里面,可以说是形形色色,无所不有。他并不按贫富、贵贱、特长、态度、老少、远近种种类别而有所偏向或歧视。至于孔子首创私人讲学,把学在官府的文化知识,从官府垄断下解放出来,扩散到官府以外,那就更从根本上说明"有教无类"这句话的真意了。

不要说当时——就是现在,我们能真正实现"有教无类"的理想么?

原文

子曰:"有教无类。"
(《论语·卫灵公第十五》)

今译

孔子说:"不论哪类人都应该教育。"

因人施教

> 子路问:"闻斯行诸?"子曰:"有父兄在,如之何其闻斯行之!"冉有问:"闻斯行诸?"子曰:"闻斯行之。"公西华曰:"由也问闻斯行诸,子曰有父兄在;求也问闻斯行诸,子曰闻斯行之。赤也惑,敢问。"子曰:"求也退,故进之;由也兼人,故退之。"

《礼记·学记》说:

> 学者有四失,教者必知之。人之学也,或失则多,或失则寡,或失则易,或失则止。此四者,心之莫同也。知其心,然后能救其失也。教也者,长善而救其失者也。

学生气质有别,个性不一,教师只有明其差异,因人施教,才不至于南辕北辙,缘木求鱼。对两位学生相同的问题,孔子提供了相反的答案,貌似随心所欲,实则深思熟虑,事小言简,

却已足以显现教育家的风范。这种风范历千百年,仍令现代的中外学者仰慕不置。伟大的心理学家荣格说:

> 并非每个人都需要知道同一件事,而且同一知识绝不应该以同一方式向众人灌输。这正是我们现代大学里所绝对缺乏的东西——大师与弟子间的这种关系。

有人向荣格提议组建一个探讨东西方思想的研究所,遭到他的拒绝,拒绝的理由是:"在我看来,分配智慧的研究所绝对是个可憎恶的东西。就我所知,孔子和庄子都没有经营过一个研究所。"

原文

子路问:"闻斯行诸?"子曰:"有父兄在,如之何其闻斯行之!"冉有问:"闻斯行诸?"子曰:"闻斯行之。"公西华曰:"由也问闻斯行诸,子曰有父兄在;求也问闻斯行诸,子曰闻斯行之。赤也惑,敢问。"子曰:"求也退,故进之;由也兼人,故退之。"(《论语·先进第十一》)

今译

子路问:"听到了就该去做吗?"孔子说:"有父亲和兄长在,怎么可以听到了就去做!"冉有问:"听到了就该去做吗?"孔子说:"听到了就去做。"公西华说:"子路问的是听到了该不该去做,老师说有父亲和兄长在;冉有问的也是听到了该不该去做,老师听到了就去做。我不明白,斗胆问问原因。"孔子说:"冉求一向谦退,所以要敦促他;子路总想胜人,所以要抑制他。"

师徒言志

> 颜渊、季路侍。子曰:"盍各言尔志?"子路曰:"愿车马衣轻裘,与朋友共,敝之而无憾。"颜渊曰:"愿无伐善,无施劳。"子路曰:"愿闻子之志。"子曰:"老者安之,朋友信之,少者怀之。"

这是师生交流的现场实况——孔门中最武的子路、最文的颜回各言其志,前者的豪爽,后者的谦谨,以及老师不温不火的蔼然风度,无不跃然纸上。周作人说:

> 我喜欢这一章,与其说是思想,还不如说因为它的境界好。师弟三人闲居述志,并不像后来文人的说大话,动不动就是揽辔澄清,现在却只是老老实实地说说自己的愿望,虽有大小广狭之不同,其志在博施济众则无异,而说得那么质素,又各有分寸,恰如其人,此正是妙文也。我以为此一章可以见孔门的真气象,至为难得。

而这样切要的点评,也同样是"至为难得"的。

原文

颜渊、季路侍。子曰:"盍各言尔志?"子路曰:"愿车马衣轻裘,与朋友共,敝之而无憾。"颜渊曰:"愿无伐善,无施劳。"子路曰:"愿闻子之志。"子曰:"老者安之,朋友信之,少者怀之。"(《论语·公冶长第五》)

今译

颜渊、子路侍立在侧。孔子说:"何不说说你们各自的志向?"子路说:"愿拿车马衣物,跟朋友共享,用坏也不在乎。"颜渊说:"愿不自炫优点,不自夸功绩。"子路说:"想听听老师的志向。"孔子说:"对老人安抚他们,对朋友信赖他们,对青年关爱他们。"

大智若愚

> 子曰:"吾与回言终日,不违如愚。退而省其私,亦足以发。回也不愚。"

孔子欣赏既好学又善悟、"告诸往而知来者"的学生。颜回问学,孔子滔滔不绝,颜回默默以对;但在课下通过观察,知其不但全能领会,而且颇有发挥。在这之前,孔子对颜回的"不违如愚"曾有微词:"回也非助我者也,于吾言无所不悦。"后来则完全认同了子贡对颜回"闻一以知十"的极口夸赞。

而颜回最为他人所不及的表现,是可以"其心三月不违仁"。蒋寅引李颙《四书反身录》语"大凡聪明自用者必不足以入道,颜子唯其如愚,所以能于仁不违"而申论曰:"此言最中学理,盖成大学问者,必有聪明而不用聪明",并举钱钟书等学者为例,所说足供后学深思。

原文

子曰:"吾与回言终日,不违如愚。退而省其私,亦足以发。回也不愚。"(《论语·为政第二》)

今译

孔子说:"我跟颜回说一整天,他全无异辞像是很笨。退下来观察他平时的言论,却能多有发挥。他并不笨。"

一声叹息

> 子曰:"苗而不秀者有矣夫!秀而不实者有矣夫!"

"秀"是吐穗开花,"实"是灌浆结果。在《论语》中紧跟着孔子对颜回的两句赞语:一赞其认真——语之而不惰,一赞其勤奋——有进而无止,尔后就是这样一声慨叹,所以历代学者多以为这是承前两句而来,是借自然现象来表达对颜回的怀念。"苗而不秀"与"秀而不实"因此也成为比喻天资卓异却英年早逝者的常用成语。

在众多弟子中,颜回与老师最志同道合,心心相印,是公认的孔门七十二贤之冠。可惜生活贫困,加上用功过度,不幸短命而死。孔子痛哭失声,哀伤不已。后来当鲁哀公问起"弟子孰为好学"时,孔子无比失落地回答:当年有颜回,现在没有了,没再听说谁是好学的了——足见颜回在孔子心目中独一无二的地位。

如果不把这两句话跟颜回联系起来,也可以看作是孔子对有良好的培养前途、却因不能持之以恒、终于学无所成的学生的惋惜之词。冉有就曾推托:不是不爱好老师的学说,只是我的能力不足。孔子当即驳斥:能力不足的是一直走到走不动的人,而你根本就是不想起步!朱熹也以特别不满的口吻谈到:

> 常见学者不远千里来此讲学,将谓真以此为事。后来观之,往往只要做二三分人,识些道理便足。

虽然不乏资质,不无机会,但却没有尽力做十分人的意向,就如今人虽然进入大学,成了本科生甚至研究生,却无心于学问,只想混张文凭、找个饭碗了事,这也可以被归入苗而不秀、秀而不实的半成品之列——但较之于颜回,却已有主动与被动的分别,所以后者为孔子怀念,而前者只能为朱子憎厌了。

原文

子曰:"苗而不秀者有矣夫!秀而不实者有矣夫!"(《论语·子罕第九》)

今译

孔子说:"有长了苗却没有开花的!有开了花却没有结果的!"

眼见为实

> 始吾于人也,听其言而信其行;今吾于人也,听其言而观其行。

孔门高弟宰予"昼寝",孔子不但骂他"朽木不可雕也,粪土之墙不可杇也",还声称正是以"言语"见长的宰予的行为,结束了他对人"听其言而信其行"的旧时代而开辟了他对人"听其言而观其行"的新时代。

一般解释"昼寝"就是白天睡觉。古人日出而作,日入而息,"贱尺璧而重寸阴,惧乎时之过已";而孔子本人又好学不倦,自然不容门徒懒得像猪。但孔子的火气大得有点可疑。有古代学者断定宰予这样的优等生不仅不会懒得像猪,而且必然钢筋铁骨赛过老虎——不可能有打盹儿的时候,乃称这是师徒合演的双簧,原因是宰予看到"后学之徒将有懈废之心生",所以有意假寐,来引发孔子的当众教训,言下之意是赛过老虎的宰予却自愿做鸡,以便让孔子现"宰"了"予"来儆猴——好事成双,论者俨然是嫌已成常用典故的

"周瑜打黄盖"单飞太落寞,要拿"孔子骂宰予"来与之结伴配对,非连"打"带"骂"不觉得过瘾。进化至现代更有既别具只眼又别具匠心的学者为我们索隐揭秘:孔子所以七窍生烟,事情当然不会只是打个盹儿这么简单,实则"昼寝"乃是白天做爱的隐语,言下之意这里的"寝"不是普通意义上的睡觉,而是阿Q对吴妈的爱情宣言"我和你困觉"中的"困觉";不是大静,而是大动,具体说是宰予一时性起,色胆包天,在光天化日之下干了原本在深更半夜才合适干的没脸面的营生,可惜春光乍泄,不幸被长舌妇般的孔子喋喋不休,大肆渲染;被狗仔队般的《论语》作者如获至珍,登录在案——天生这样超常的重口味兼这样变态的妄想力,不去写网络小说或编电视连续剧,却来糟践《论语》,开涮宰予,实在大材小用,我见犹惜。

"昼寝"还有别的解释,不胜也不必再举——总而言之不是好事。李零说孔子骂宰予的主要原因不在他白天睡觉,而在他言行不一:"宰予能说会道,我猜,他在孔子面前发过誓,一定夙夜不懈,勤勉于事,孔子高兴,信以为真,没想到,让他逮个正着,大白天睡觉,所以气不打一处来。"这自然也是不无可能的。重要的倒是孔子"气不打一处来"后这句有感而发的牢骚,道出了观人观事的要则,深为后人服膺。如贾植芳在《暮年断想》中写道:

"文革"前,我遵循儒家教导,对人、对事、对当政者,"听其言而信其行",即孔子所说的"始吾于人也"。经过五十年代一浪高过一浪的"阶级斗争"的理论与实践的磨练、反思,我才真正懂得了孔子所说的:"今吾于人也,听其言而观其行。"因为实践是检验真理的唯一标准,实践出真知。但对我来说,年幼时在山村读私塾时就耳熟能详的这个知人论世的儒家观点,经过五十年代以迄七十年代中期,才真正做到"理论联系实际",读懂弄通了,但其代价是我的生命力的超负荷支出。正如莎士比亚在《皆大欢喜》这出喜剧里所说的:"时间是审查一切罪犯的最老练的法官。"

而这样从单纯到复杂的认识转变,老人是经过多年的铁窗生涯才换来的。

原文

始吾于人也,听其言而信其行;今吾于人也,听其言而观其行。(《论语·公冶长第五》)

今译

过去我对人,是听了他的话就信他的行为;现在我对人,是听了他的话要看他的行为。

诗与礼

> 陈亢问于伯鱼曰:"子亦有异闻乎?"
> 对曰:"未也。尝独立,鲤趋而过庭。曰:'学诗乎?'对曰:'未也。''不学诗,无以言。'鲤退而学诗。他日,又独立,鲤趋而过庭。曰:'学礼乎?'对曰:'未也。''不学礼,无以立。'鲤退而学礼。闻斯二者。"
> 陈亢退而喜曰:"问一得三:闻诗,闻礼,又闻君子之远其子也。"

伯鱼是孔子之子孔鲤的字。据《孔子家语》记载,他出生时鲁昭公"以鲤鱼赐孔子",为表感念之情,"因以名鲤,而字伯鱼"。按当时的礼制,以孔子的身份,为了"别嫌疑,厚尊重",父子是分开住的,孔子跟儿子的接触未必多于其他学生,从孔鲤的答语即可略知大概。

本章问答完整,而又意蕴别致。废名说:

> 《论语》这章书我很喜欢,觉得孔门真是诚实切实。陈亢这个人很老实。伯鱼亦殊可爱,不愧为孔子之子,孔子亦不愧为其父。父亲问他学诗没有,他说没有学,退转来他就学诗。有一天父亲又问他学礼没有,他说没有学,退转来他就学礼。他很有礼貌地把这些话告诉陈亢,临了还要诚恳地说一句:"闻斯二者。"陈亢起初像一个乡下人,问着世兄"子亦有异闻乎?"临了又像大学里的旁听生,偷听了一堂课,喜不过,还要说一点自己老实的心得。

由于爱之太深,觉得意犹未尽,他还遗憾我们无从知道陈亢最后这"喜不过"的话,究竟是"告诉给什么人"的——简直有点儿走火入魔了。而不走火入魔,又怎么算得上爱之太深?扬之水则说:

> 陈亢问得实在,伯鱼答得诚恳,问者与答者的意态亦觉可爱,其间且见出一个"望之俨然,即之也温,听其言也厉"的孔子,此中人情便因之化作意趣,而活跃在平实与朴拙的文字中。陈亢本来因为好奇而启问,却以所得无奇而觉得欢喜。所谓"君子之远其子",远,即不厚,亦即平常待之的意思,而亲爱之忱自在其中矣。

从"平实与朴拙的文字中"体会出活跃着的"意趣"——这里所指示给我们的不仅是解读本章、也是品味全部《论语》的门径。

原文

陈亢问于伯鱼曰:"子亦有异闻乎?"

对曰:"未也。尝独立,鲤趋而过庭。曰:'学诗乎?'对曰:'未也。''不学诗,无以言。'鲤退而学诗。他日,又独立,鲤趋而过庭。曰:'学礼乎?'对曰:'未也。''不学礼,无以立。'鲤退而学礼。闻斯二者。"

陈亢退而喜曰:"问一得三:闻诗,闻礼,又闻君子之远其子也。"(《论语·季氏第十六》)

今译

陈亢问孔鲤说:"你听到过特别的教导吗?"

孔鲤回答:"没有啊。有一天他站在那里,我快步从庭中走过。他说:'学诗了没有?'我回答:'没有。''不学诗,就没有了言谈的资粮。'我回去就开始学诗。又有一天他站在那里,我快步从庭中走过。他说:'学礼了没有?'我回答:'没有。''不学礼,就没有了立身的根本。'我回去就开始学礼。就听过这两次。"

陈亢回去高兴地说:"问了一个问题,得到三个收获:知道了诗的作用,知道了礼的作用,还知道了君子不偏向自己的儿子。"

老去增年是减年

> 子曰:"父母之年,不可不知也:一则以喜,一则以惧。"

最让渐入老境的诗人冯至怦然心动的是歌德的《年岁》:

年岁是些最可爱的人,
它们送来昨天,送来今日,
我们年轻人正这样度过,
最可爱的生活无忧无虑。
可是年岁它们忽然改变,
再不像过去那样恰如人意。
不愿再赠给,不愿再出借,
它们拿走今天,拿走明日。

时光对青年是毫不吝啬地不断赠与,"送来昨天,送来今日";对老人却是毫不手软地不停索取,"拿走今天,拿走明日"。冯氏终于"意识到自己占有的岁月正在一天一天地被拿掉,不无悚惧"。朋友来函祝贺他的生日,他回信时抄了这首译诗。

诗人"不无悚惧"的原因,正与孔子说的"一则以惧"相同。少年的生日是值得庆贺的成长标志,但老人的生日却是具有双重性的:既是更高寿了,也是离死神更近了;前者令人高兴,后者令人悚惧。钱钟书晚年一再谢绝好事的好心人为他庆寿的提议,理由就是:"宋诗云:老去增年是减年。增一岁当然可以贺,减一岁则应该吊之。一贺一吊,不是互相抵销了吗?"其言堪为孔说注脚。而这类不知趣的好事的好心人不但热衷给已到一定年龄的老人做寿,且要慷慨加码为还不到一定年龄的老人提前做寿。女作家苏雪林就曾咬牙切齿:

> 去岁三月底,成功大学与各文艺界强为我举行百岁庆典。我出生于前清光绪二十三年,岁次乙酉,属鸡,时为九十八岁,足龄并未臻百岁。中国人百事不如人,惟喜言寿考,将人所历闰年闰月都算上,强称期颐寿,我甚恶之。

形式上是祝寿,实质上却带了催熟也就是催命的意味,无怪乎被祝者不喜反怒,要忿忿然"甚恶之"了。对这一切,那些好事的好心人自然是不自觉的。而他们之所以不自觉,是因为他们的头脑太简单;而他们的头脑之所以太简单,是因为他们不读《论语》——只知老人增年之"喜"而不知老人减年之"惧"也。

原文

子曰:"父母之年,不可不知也:一则以喜,一则以惧。"(《论语·里仁第四》)

今译

孔子说:"父母的年纪不能不谨记:一方面令人高兴,一方面令人悚惧。"

后生可畏

> 子曰:"后生可畏,焉知来者之不如今也？四十、五十而无闻焉,斯亦不足畏也已。"

这是对青年的羡慕,也是对青年的激励。青年是最有希望的,因为风华正茂,富于春秋,做什么都不无可能；然而日月逝于上,体貌衰于下,中年乃至老年也是倏忽即至的。朱熹解释得好：

> 孔子言后生年富力强,足以积学而有待,其势可畏,安知其将来不如我之今日乎？然或不能自勉,至于老而无闻,则不足畏矣。言此以警人,使及时勉学也。

自诩为英语世界中孔子思想最佳阐释者的美国大诗人庞德援孔语以入诗,更直接地宣称：

> 但是一个人到了五十岁还一无所知
> 　　就不值得尊重了

年登耄耋的作家木心说："愚蠢的老者厌恶青年,狡黠的老者妒恨青年,仁智的老者羡慕青年,且想:自己年轻时也曾使老辈们羡慕吗？为何当初一点没有感觉到?"然而遗憾的是"即使老者很透彻地坦陈了对年轻人的羡慕,年轻人也总是毫不在乎,什么感觉也没有"。

那就让我们再读一遍孔子的教言——试着找找感觉。

原文

子曰:"后生可畏,焉知来者之不如今也？四十、五十而无闻焉,斯亦不足畏也已。"(《论语·子罕第九》)

今译

孔子说:"年轻人是值得敬畏的,怎么知道他们将来就不如现在的一辈人呢？可要到了四五十岁还无所成就,那也就不值得敬畏了。"

孔颜乐处

> 子曰:"饭疏食,饮水,曲肱而枕之,乐亦在其中矣。不义而富且贵,于我如浮云。"

生活简陋一至于此,但却觉得乐在其中。《朱子语类》记朱熹言:"此乐与贫穷自不相干,是别有乐处。如气壮之人,遇热不畏,遇寒亦不畏;若气虚则必为所动矣。"明代学者焦竑有云:

> 疏水曲肱,箪瓢陋巷,孔颜之穷抑已甚矣。一则曰乐在其中,一则曰不改其乐,此岂勉强以薪胜之哉!勉强不可以言乐,勉强不可以持久,则孔颜之为乐必有以也。周茂叔尝令二程寻孔颜乐处,非求之孔颜,求诸己而已矣。或曰:吾方忧之忡忡也,何乐之可寻?曰:但谛观忧来何方,作何形相,所依既不立,能依何得生?当体全空,豁然无碍,则转忧为乐,在瞬息间耳。

其中提到"令二程寻孔颜乐处"的周茂叔是理学大师程颢、程颐的老师、被黄庭坚赞誉为"人品甚高,胸怀洒落,如光风霁月"的宋代理学开山周敦颐。

原文

子曰:"饭疏食,饮水,曲肱而枕之,乐亦在其中矣。不义而富且贵,于我如浮云。"(《论语·述而第七》)

今译

孔子说:"吃粗食,喝清水,弯起胳膊当枕头,快乐也就在其中了。用不义的手段得来的富贵,对我就像浮云。"

待价而沽

> 子贡曰:"有美玉于斯,韫椟而藏诸?求善贾而沽诸?"子曰:"沽之哉!沽之哉!我待贾者也。"

心无旁骛,一意复礼,在现实政治中既不善投机钻营,也不肯曲意附就,孔子加官进爵、施展抱负的希望日趋渺茫。兼擅经商与从政的子贡看在眼里,急在心里,忍不住婉转地借美玉作比喻,问老师到底还想不想卖。孔子连声叫卖,但前提是得等个好价钱。宋儒范祖禹云:"君子未尝不欲仕也,又恶不由其道,士之待礼,犹玉之待贾也",而"必不枉道以从人"。林语堂则以之为例,赞颂了孔子所具有的令"吾将拜倒其席下"的幽默。《史记·孔子世家》记载,孔子与弟子走散了,有人告诉子贡:东门有人,额头像唐尧,脖子像皋陶,肩膀像子产,只是从腰往下比夏禹短三寸,那又瘦又累的模样,活脱脱"若丧家之狗"。子贡拾金不昧,一见面就把听到的话原汁原味地上交给了老师。孔子"欣然笑曰":长相不大像吧，"而谓似丧家之狗，然哉，然哉"！林氏对此大为倾倒：

> 今日大学学生谁敢据实以告其教授曰"人家说汝若丧家之狗"哉？而子贡竟敢以实告。今日大学教授谁甘承当此一句话？而孔子竟坦然承当之而无愠。此盖最上乘之幽默，毫无寒酸气味，笑得他人，亦笑得自己。吾观其容貌，蔼然可亲，温色可餐，若之何禁人不思恋乎？须知儒生伪，孔子却未尝伪；教授对学生摆架子，孔子却未尝对子贡摆架子。何以知之？孔子果摆架子，则子贡必不以实告矣。

而孔子对"有美玉于斯"的答问亦然：

> 夫"沽之哉"者何？三代之叫卖声也。孔子学之，而曰我待出卖者，其笑的是自己，亦可知矣……然则孔子与门人燕居之时出以诙谐滑稽之辞，复究奚辩？

这一节不仅为林语堂所激赏，还被作为典故，引入了钱钟书的《围城》。且说方鸿渐、赵辛楣、李梅亭、顾尔谦与孙柔嘉同往三闾大学，途经鹰潭，入住一家小店，方、赵二人同房：

> 辛楣道："咱们这间房最好，沿街，光线最足，床上还有帐子。可是，我不愿睡店里的被褥，回头得另想办法。"鸿渐道："好房间为什么不让给孙小姐？"辛楣指壁上道："你瞧罢。"只见剥落的白粉壁上歪歪斜斜

地写着淡墨字:"路过鹰潭与王美玉女士恩爱双双题此永久纪念济南许大隆题。"记着中华民国年月日,一算就是昨天晚上写的。后面也像许大隆的墨迹,是首诗:"酒不醉人人自醉色不迷人人自迷今朝有缘来相会明日你东我向西。"又写道:"大爷去也!"那感叹记号使人想出这位许先生撇着京剧说白的调儿,挥着马鞭子,慷慨激昂的神气。此外有些铅笔小字,都是讲王美玉的,想来是许先生酒醉色迷那一夜以前旁人的手笔,因为许先生的诗就写在"孤王酒醉鹰潭宫王美玉生来好美容"那几个铅笔字身上。

他们一行人外出买车票而未果:

大家没精打采地走回客栈,只见对面一个女人倚门抽烟。这女人尖颧削脸,不知用什么东西烫出来的一头卷发,像中国写意画里的满树梅花,颈里一条白丝围巾,身上绿绸旗袍,光华夺目,可是那面子亮得像小家女人衬旗袍里子用的作料。辛楣拍鸿渐的膊子道:"这恐怕就是'有美玉于斯'了。"鸿渐笑道:"我也这样想。"顾尔谦听他们背诵《论语》,不懂用意,问:"什么?"李梅亭聪明,说:"尔谦,你想这种地方怎会有那样打扮的女子——你们何以背《论语》?"鸿渐道:"你到我们房里来看罢。"

引"有美玉于斯",既明合前已设下伏笔的"王美玉"的名字,又暗寓了其"沽之哉,沽之哉,我待贾者也"的职业特点,变圣人的自嘲为婊子的广告,天衣无缝,点金成铁,极尽恶劣之能事,亦极尽巧妙之能事。借《论语》为小说人物命名以寓意的还有巴金《家》中满口仁义道德、一肚子男盗女娼的孔教会会长冯乐山——孔子曾言"仁者乐山",所谓冯"乐山"正是喻指冯氏身披"仁者"的画皮,更彰显了这个劣绅金玉其外、败絮其中的伪善。钱戏谑,巴沉痛,虽异曲,却同工。

原文

子贡曰:"有美玉于斯,韫椟而藏诸?求善贾而沽诸?"子曰:"沽之哉!沽之哉!我待贾者也。"(《论语·子罕第九》)

今译

子贡说:"这里有块美玉,是放在柜子里收藏起来,还是求个好价钱卖掉它呢?"孔子说:"卖掉啊!卖掉啊!我就等着好价钱哩。"

想入非非

> 公山弗扰以费畔,召,子欲往。子路不悦,曰:"末之也已,何必公山氏之之也!"子曰:"夫召我者而岂徒哉?如有用我者,吾其为东周乎?"

公山弗扰也叫公山不狃,是鲁国最有势力的贵族季氏的家臣。《史记·孔子世家》记载,鲁定公九年他占据费邑叛离季氏,派人来请孔子。孔子对季氏僭于公室、擅权专行久已心怀不满,又太渴望推行自己的政治主张,实践自己的政治理想,于是跃跃欲试,甚至脱口而出:"盖周文武起丰镐而王,今费虽小,傥庶几乎!"俨然是想把费邑打造为全面恢复周礼的革命根据地了。从《论语》到《史记》的叙述,我们只看到他在那里自说自话,想入非非,而完全不顾及:一、八字才刚一撇甚至一撇都没写全;二、公山弗扰作为一介叛臣,何足共图大计;三、费邑弹丸之地,焉能掀起大浪。大概觉得聪明一世的孔子不该糊涂一时到这样不堪的地步,清代经学家崔述、皮锡瑞都怀疑这一章文字的可靠性。而现代批评家李长之则以为孔子的可爱就在这单纯的一厢情愿之中：

> 孔子对于想实现他的理想是太热心了，有时离事实还很远，他却已经高兴得忘乎所以，简直高兴得有点稚气，像一个纯真无邪的小孩子。例如当孔子五十岁时，公山不狃以费畔季氏，使人召孔子。就局面说，这局面本来太小；就事实说，离事实还太远。可是孔子已经高兴起来了，说："盖周文武起丰镐而王，今费虽小，傥庶几乎！"又说："夫召我者而岂徒哉？如有用我者，吾其为东周乎？"他已经要当周文王、周武王，并且要建设一个周的天下了。在这地方，我说他有些堂吉诃德的精神，因为其热心似之，其勇气似之，其自负似之，其把利害置于度外似之，其把生活建筑于幻想之上更似之。这乃是孔子性格中顶荒唐的成分——好一个可爱的堂吉诃德！可是这都无碍于孔子的伟大。人本来是人，人不是照着逻辑长成的。生命力的源头本来有烟，有雾，水至清则无鱼。从这一方面看，孔子精神在核心处，乃仍是浪漫的。

也就是说，只要是个人，有时就免不了会有荒唐的想法乃至荒唐的做法。而完人本来就是不存在的；即使存在，不说可怕——至少也是不可爱的。智慧的王尔德早有高论：

> 人总该有一点儿不可理喻之处。

原文

公山弗扰以费畔,召,子欲往。子路不悦,曰:"末之也已,何必公山氏之之也!"子曰:"夫召我者而岂徒哉?如有用我者,吾其为东周乎?"(《论语·阳货第十七》)

今译

公山弗扰占据费邑叛离季氏,发来邀请,孔子想去。子路不高兴地说:"走投无路也就算了,为什么非去公山弗扰那里呢!"孔子说:"他既然邀我去就不会没有打算吧?如果真有用我的人,我应该可以使周道重现于东方吧?"

无可奈何花落去

子曰:"甚矣吾衰也!久矣吾不复梦见周公。"

孔子声明:"周监于二代,郁郁乎文哉!吾从周。"面对礼崩乐坏的现实,一心想维护与恢复周公之道,孜孜以求,念兹在兹,乃致时常梦见周公。《吕氏春秋·专志》篇也载有他"昼日讽诵习业,夜亲见文王、周公旦而问焉"的传说,来说明"用志如此其精也,何事而不达?何为而不成?故曰:'精而熟之,鬼将告之。'非鬼告之也,精熟之也"。《朱子语类》中有一段师生研讨笔录——

学生问:"梦周公,是真梦否?"

老师答:"当初思欲行周公之道时,必亦是曾梦见。"

学生问:"恐涉于心动否?"

老师答:"心本是个动物,怎教它不动!夜之梦,犹寤之思也。思亦是心之动处,但无邪思可矣,梦得其正何害?心存这事,便梦这事。常人便胡梦了。"

然而存道者心,可以至老不懈;行道者身,不能至老不衰。朱熹推阐说:

> 孔子盛时,志欲行周公之道,故梦寐之间,如或见之;至其老而不能行也,则无复是心,而亦无复是梦矣,故因此而自叹其衰之甚也。

文武双全的南宋一代词人辛弃疾力主抗金不果,多年被迫赋闲,雄心原在"了却君王天下事",结果却是"旌旗未卷头先白",年华老去,壮志难酬,其名作《贺新郎》上阕:

甚矣吾衰矣。

恨平生、

交游零落,

只今余几!

白发空垂三千丈,

一笑人间万事。

问何物、

能令公喜?

我见青山多妩媚,

料青山、

见我应如是。

情与貌,

略相似。

径观其言,难免觉得起句过于普通,就像现在人们在久别重逢时都能脱口而出的套语——我老得很厉害了。只有明其出典,了解孔子眼看政治理想彻底破灭、而人生已行将走到尽头的无奈与绝望,才能充分体会辛词劈面而来的这一声慨叹中所深蕴的彻骨沉痛。

原文

子曰:"甚矣吾衰也!久矣吾不复梦见周公。"(《论语·述而第七》)

今译

孔子说:"我衰老得太厉害了!这么久我都没有再梦见过周公了。"

日月经天

> 叔孙武叔毁仲尼。子贡曰:"无以为也!仲尼不可毁也。他人之贤者,丘陵也,犹可逾也;仲尼,日月也,无得而逾焉。人虽欲自绝,其何伤于日月乎?多见其不知量也!"

针对鲁国大夫叔孙武叔的诋毁,子贡通过夸张的比喻进行了有力的反击,却也使天平从一个极端倾斜到另一个极端,开创了拔高孔子的先例。据朱维铮概括,从孔子之殁迄东汉,孔子形象经过四变,终于由人变成了神:

> 由子贡作俑,使孔子由普通贤人一变而为超级贤人;由孟轲发端,荀况定型,使孔子从贤人再变为凌驾于世俗王侯之上而在人间不得势的圣人;由董仲舒首唱,西汉今文博士们应和,使孔子从不得志的圣人,三变为接受天启、为汉制法的"素王";由王莽赞助在先,刘秀提倡于后,使孔子从奉天命为汉朝预作一部法典

的"素王",四变为传达一切天意的通天教主。

在以后漫长的历史阶段中,由多种因素的交织作用,孔子的形象更变幻不定,"他的身价随时涨落,人格上下浮动,封号屡次改变,作用代有异说",在真孔子之外塑造着假孔子,在历史的孔子之外形成了孔子的历史。对孔子的崇拜与诋毁在两千五百年间也愈演愈烈,不仅互相消长,甚至互为因果。无意或善意的张大其词尚且令人反胃,更不用说是那些"权势者或想做权势者们"别有用心的鼓吹了。鲁迅指出:连袁世凯、孙传芳、张宗昌这等作恶多端的孽种人渣都企图拿孔子来做攫取权力、维护统治的敲门砖,也就活该孔子倒霉:

> 这三个人,都把孔夫子当作砖头用,但是时代不同了,所以都明明白白的失败了。岂但自己失败而已呢,还带累孔子也更加陷入了悲境。他们都是连字也不大认识的人物,然而偏要大谈什么十三经之类(引者按:何止于此——鲁迅还告诉我们:公然宣称自己已记不清金钱和姨太太数目的军阀张宗昌不仅重刻了十三经,"而且把圣道看作可以由肉体关系来传染的花柳病一样的东西,拿一个孔子后裔的谁来做了自己的女婿"),所以使人们觉得滑稽;言行也太不一致了,就更加令人讨厌。既已厌恶和尚,恨及袈裟,而孔夫子之被利用为或一目的的器具,也

从新看得格外清楚起来,于是要打倒他的欲望,也就越加旺盛。所以把孔子装饰得十分尊严时,就一定有找他缺点的论文和作品出现。即使是孔夫子,缺点总也有的,在平时谁也不理会,因为圣人也是人,本是可以原谅的。然而如果圣人之徒出来胡说一通,以为圣人是这样,是那样,所以你也非这样不可的话,人们可就禁不住要笑起来了。

尽管鱼龙混杂,泥沙俱下,但孔子的历史与历史的孔子一样,都已成为中国历史的重要篇章。美国汉学家顾立雅在他的名著《孔子与中国之道》中写道:

> 回顾自己的一生,孔子肯定认为他的收获甚微:在改进鲁国政治现状方面几乎无所建树,也从未取得过掌控一国的成就。……对于有他这样的抱负和洞识的人来说,失败当然是一剂苦药。但是,他所缺乏的只是些外在的东西。诽谤是附加的一种考验:《论语》中说有权的叔孙武叔不断地诋毁孔子;孟子则说孔子受到众多小人的骚扰。当时,历史的斯芬克斯之谜并未显示出,总有一天,他那个时代的所有傲慢的统治者的名字都会被忘掉,而孔子的名字却会被传颂到世界末日。

是的,只要没到世界末日,这世界上就会有人——不仅仅是中国人不断诵读《论语》,永远记得孔子。

原文

叔孙武叔毁仲尼。子贡曰:"无以为也!仲尼不可毁也。他人之贤者,丘陵也,犹可逾也;仲尼,日月也,无得而逾焉。人虽欲自绝,其何伤于日月乎?多见其不知量也!"(《论语·子张第十九》)

今译

叔孙武叔诋毁孔子。子贡说:"不该做这样的事啊!孔子是诋毁不了的。其他的贤人如丘陵,还可以逾越;孔子如日月,是无从逾越的。纵然有人愿意自绝于日月,对日月又有什么损害呢?只显出他自己的不知轻重罢了!"

索引

A

哀公问曰:"何为则民服?"孔子对曰:"举直错诸枉,则民服;举枉错诸直,则民不服。"(《论语·为政第二》) 40

B

邦有道,危言危行;邦无道,危行言孙。(《论语·宪问第十四》) 102

饱食终日,无所用心,难矣哉!不有博弈者乎?为之,犹贤乎已。(《论语·阳货第十七》) 113

博学于文。(《论语·雍也第六》) 20

不耻下问。(《论语·公冶长第五》) 20

不患人之不己知,患其不能也。(《论语·宪问第十四》) 98

不患无位,患所以立。不患莫己知,求为可知也。(《论语·里仁第四》) 100

不降其志。(《论语·微子篇第十八》) 20

不在其位,不谋其政。(《论语·泰伯第八》) 114

C

陈亢问于伯鱼曰:"子亦有异闻乎?"对曰:"未也。尝独立,鲤趋而过庭。曰:'学诗乎?'对曰:'未也。''不学诗,无以言。'鲤退而学诗。他日,又独立,鲤趋而过庭。曰:'学礼乎?'对曰:'未也。''不学礼,无以立。'鲤退而学礼。闻斯二者。"陈亢退而喜曰:"问一得三:闻诗,闻礼,又闻君子之远其子也。"(《论语·季氏第十六》) 150

辞达而已矣。(《论语·卫灵公第十五》) 127

D

道千乘之国,敬事而信,节用而爱人,使民以时。(《论语·学而第一》) 33

道之不行,已知之矣。(《论语·微子第十八》) 124

德不孤,必有邻。(《论语·里仁第四》) 92

定公问:"君使臣,臣事君,如之何?"孔子对曰:"君使臣以礼,臣事君以忠。"(《论语·八佾第三》) 44

F

樊迟问知。子曰:"务民之义,敬鬼神而远之,可谓知矣。"(《论语·雍也第六》) 49

饭疏食,饮水,曲肱而枕之,乐亦在其中矣。不义而富且贵,于我如浮云。(《论语·述而第七》) 157

夫仁者,己欲立而立人,己欲达而达人。(《论语·雍也第六》) 61

父母之年,不可不知也:一则以喜,一则以惧。(《论语·里仁第四》) 153

G

刚毅木讷近仁。(《论语·子路第十三》) 96

工欲善其事,必先利其器。(《论语·卫灵公第十五》) 30

公山弗扰以费畔,召,子欲往。子路不悦,曰:"末之也已,何必公山氏之之也!"子曰:"夫召我者而岂徒哉? 如有用我者,吾其为东周乎?"(《论语·阳货第十七》) 164

苟正其身矣,于从政乎何有? 不能正其身,如正人何?(《论语·子路第十三》) 36

古之学者为己,今之学者为人。(《论语·宪问第十四》) 19

过犹不及。(《论语·先进第十一》) 53

H

后生可畏,焉知来者之不如今也?四十、五十而无闻焉,斯亦不足畏也已。(《论语·子罕第九》) 155

回也非助我者也,于吾言无所不悦。(《论语·先进第十一》) 141

或曰:"以德报怨,何如?"子曰:"何以报德?以直报怨,以德报德。"(《论语·宪问第十四》) 66

J

季康子患盗,问于孔子。孔子对曰:"苟子之不欲,虽赏之不窃。"(《论语·颜渊第十二》) 39

季康子问政于孔子。孔子对曰:"政者,正也。子帅以正,孰敢不正?"(《论语·颜渊第十二》) 37

季路问事鬼神。子曰:"未能事人,焉能事鬼?""敢问死?"曰:"未知生,焉知死?"((《论语·先进第十一》) 52

祭如在,祭神如神在。(《论语·八佾第三》) 48

见得思义。(《论语·季氏第十六》) 109

见危授命。(《论语·宪问第十四》) 110

见贤思齐焉,见不贤而内自省也。(《论语·里仁第四》) 95

厩焚,子退朝,曰:"伤人乎?"不问马。(《论语·乡党第十》) 47

举直错诸枉,能使枉者直。(《论语·颜渊第十二》) 40

君君,臣臣,父父,子子。(《论语·颜渊第十二》) 43

君子病无能焉,不病人之不己知也。(《论语·卫灵公第十五》) 98

君子不器。(《论语·为政第二》) 16

君子不忧不惧。(《论语·颜渊第十二》) 7

君子疾没世而名不称焉。(《论语·卫灵公第十五》) 82

君子坦荡荡,小人常戚戚。(《论语·述而第七》) 7

君子有三戒:少之时,血气未定,戒之在色;及其壮也,血气方刚,戒之在斗;及其老也,血气既衰,戒之在得。(《论语·季氏第十六》) 71

君子欲讷于言而敏于行。(《论语·里仁第四》) 97

君子喻于义,小人喻于利。(《论语·里仁第四》) 111

K

可与言而不与之言,失人;不可与言而与之言,失言。智者不失人,亦不失言。(《论语·卫灵公第十五》) 125

M

苗而不秀者有矣夫！秀而不实者有矣夫！(《论语·子罕第九》) 144

名不正则言不顺。(《论语·子路第十三》) 13

N

能近取譬。(《论语·雍也第六》) 20

Q

其身正,不令而行;其身不正,虽令不从。(《论语·子路第十三》) 34

其为人也,发愤忘食,乐以忘忧,不知老之将至云尔。(《论语·述而第七》) 132

巧言令色,鲜矣仁。(《论语·学而第一》) 96

群居终日,言不及义,好行小慧,难矣哉！(《论语·卫灵公第十五》) 112

R

人不知而不愠,不亦君子乎？(《论语·学而第一》) 8

人而无信,不知其可也。大车无輗,小车无軏,其何

以行之哉?(《论语·为政第二》) 68

汝为君子儒,无为小人儒。(《论语·雍也第六》) 116

S

三人行,必有我师焉,择其善者而从之,其不善者而改之。(《论语·述而第七》) 94

甚矣吾衰也!久矣吾不复梦见周公。(《论语·述而第七》) 167

生而知之者,上也;学而知之者,次也;困而学之,又其次也;困而不学,民斯为下矣。(《论语·季氏第十六》) 129

始吾于人也,听其言而信其行;今吾于人也,听其言而观其行。(《论语·公冶长第五》) 147

士而怀居,不足以为士矣。(《论语·宪问第十四》) 104

士志于道,而耻恶衣恶食,未足与议也。(《论语·里仁第四》) 106

叔孙武叔毁仲尼。子贡曰:"无以为也!仲尼不可毁也。他人之贤者,丘陵也,犹可逾也;仲尼,日月也,无得而逾焉。人虽欲自绝,其何伤于日月乎?多见其不知量也!"(《论语·子张第十九》) 171

岁寒,然后知松柏之后凋也。(《论语·子罕第九》) 88

T

天下有道则见,无道则隐。邦有道,贫且贱焉,耻也;邦无道,富且贵焉,耻也。(《论语·泰伯第八》) 101

W

望之俨然,即之也温,听其言也厉。(《论语·子张第十九》) 149

为之不厌,诲人不倦。(《论语·述而第七》) 134

唯仁者能好人,能恶人。(《论语·里仁第四》) 65

唯上知与下愚不移。(《论语·阳货第十七》) 128

温故而知新,可以为师矣。(《论语·为政第二》) 23

无欲速,无见小利,欲速则不达,见小利则大事不成。(《论语·子路第十三》) 30

吾尝终日不食,终夜不寝,以思,无益,不如学也。(《论语·卫灵公第十五》) 24

吾十有五而志于学,三十而立,四十而不惑,五十而知天命,六十而耳顺,七十而从心所欲不逾矩。(《论语·为政第二》) 11

吾与回言终日,不违如愚。退而省其私,亦足以发。回也不愚。(《论语·为政第二》) 142

X

宪问耻,子曰:"邦有道,谷;邦无道,谷,耻也。"(《论语·宪问第十四》) 103

乡愿,德之贼也。(《论语·阳货第十七》) 117

朽木不可雕也,粪土之墙不可杇也。(《论语·公冶长第五》) 145

学而不思则罔,思而不学则殆。(《论语·为政第二》) 25

学而时习之,不亦悦乎?(《论语·学而第一》) 3

学而优则仕。(《论语·子张第十九》) 30

Y

言忠信,行笃敬,虽蛮貊之邦,行矣。(《论语·卫灵公第十五》) 110

颜渊、季路侍。子曰:"盍各言尔志?"子路曰:"愿车马衣轻裘,与朋友共,敝之而无憾。"颜渊曰:"愿无伐善,无施劳。"子路曰:"愿闻子之志。"子曰:"老者安之,朋友信之,少者怀之。"(《论语·公冶长第五》) 140

由,诲女知之乎?知之为知之,不知为不知,是知也。

(《论语·为政第二》)　28

有教无类。(《论语·卫灵公第十五》)　135

有朋自远方来,不亦乐乎?(《论语·学而第一》)　5

Z

曾子曰:"君子思不出其位。"(《论语·宪问第十四》)　114

曾子曰:"君子以文会友,以友辅仁。"(《论语·颜渊第十二》)　92

曾子曰:"吾日三省吾身:为人谋而不忠乎?与朋友交而不信乎?传不习乎?"(《论语·学而第一》)　80

朝闻道,夕死可矣。(《论语·里仁第四》)　14

知者乐水,仁者乐山;知者动,仁者静;知者乐,仁者寿。(《论语·雍也第六》)　91

知之者不如好之者,好之者不如乐之者。(《论语·雍也第六》)　133

志士仁人,无求生以害仁,有杀身以成仁。(《论语·卫灵公第十五》)　64

中人以下,不可与语上也。(《论语·雍也第六》)　54

中庸之为德也,其至矣乎!民鲜久矣!(《论语·雍也第六》)　55

周监于二代,郁郁乎文哉!吾从周。(《论语·八佾第三》) 165

子不语怪力乱神。(《论语·述而第七》) 48

子贡问曰:"有一言而可以终身行者乎?"子曰:"其恕乎!己所不欲,勿施于人。"(《论语·卫灵公第十五》) 58

子贡曰:"贫而无谄,富而无骄,何如?"子曰:"可也,未若贫而乐,富而好礼者也。"(《论语·学而第一》) 108

子贡曰:"有美玉于斯,韫椟而藏诸?求善贾而沽诸?"子曰:"沽之哉!沽之哉!我待贾者也。"(《论语·子罕第九》) 161

子贡曰:"纣之不善,不如是之甚也。是以君子恶居下流,天下之恶皆归焉。"(《论语·子张第十九》) 120

子绝四:毋意,毋必,毋固,毋我。(《论语·子罕第九》) 74

子路使子羔为费宰。子曰:"贼夫人之子。"子路曰:"有民人焉,有社稷焉,何必读书,然后为学?"子曰:"是故恶夫佞者。"(《论语·先进第十一》) 31

子路宿于石门。晨门曰:"奚自?"子路曰:"自孔氏。"曰:"是知其不可而为之者与?"(《论语·宪问第十四》) 78

子路问:"闻斯行诸?"子曰:"有父兄在,如之何其闻斯行之!"冉有问:"闻斯行诸?"子曰:"闻斯行之。"公西华曰:"由也问闻斯行诸,子曰有父兄在;求也问闻斯行诸,子曰闻斯行之。赤也惑,敢问。"子曰:"求也退,故进之;由也兼人,故退之。"(《论语·先进第十一》) 137

子谓南容,"邦有道,不废;邦无道,免于刑戮"。(《论语·公冶长第五》) 101

子夏曰:"博学而笃志,切问而近思,仁在其中矣。"(《论语·子张第十九》) 21

子夏曰:"日知其所无,月无忘其所能,可谓好学也已矣。"(《论语·子张第十九》) 131

子在川上曰:"逝者如斯夫,不舍昼夜!"(《论语·子罕第九》) 85

自行束脩以上,吾未尝无诲焉。(《论语·述而第七》) 134

图书在版编目(CIP)数据

论语百句/傅杰. —上海:复旦大学出版社,2014.11(2019.7 重印)
ISBN 978-7-309-10718-0

Ⅰ.论… Ⅱ.傅… Ⅲ.《论语》-名句-通俗读物 Ⅳ.B222.2-49

中国版本图书馆 CIP 数据核字(2014)第 114500 号

论语百句
傅　杰
责任编辑/黄文杰

复旦大学出版社有限公司出版发行
上海市国权路 579 号　邮编:200433
网址: fupnet@ fudanpress.com　http://www.fudanpress.com
门市零售:86-21-65642857　　团体订购:86-21-65118853
外埠邮购:86-21-65109143　　出版部电话:86-21-65642845
常熟市华顺印刷有限公司

开本 787×1092　1/32　印张 6.125　字数 98 千
2019 年 7 月第 1 版第 5 次印刷

ISBN 978-7-309-10718-0/B·504
定价:38.00 元

如有印装质量问题,请向复旦大学出版社有限公司出版部调换。
版权所有　　侵权必究